Christof Vieweg / Peter Weyer

Umweltschutz am Steuer

Christof Vieweg, geboren 1956, lebt seit sechs Jahren in der Nähe Kölns. Als Leitender Redakteur der *Auto Zeitung* widmet er sich in seinen Artikeln seit Jahren schon aktuellen Problemen des Straßenverkehrs. Für seine Beiträge zur Verkehrssicherheit zeichnete ihn der HUK-Verband 1984 mit dem Christophorus-Preis aus.

Peter Weyer, geboren 1949, ist Kölner. Als Redakteur der *Auto Zeitung* nimmt er Neufahrzeuge in puncto Umweltfreundlichkeit kritisch unter die Lupe. Fragen der Abgasentgiftung von Automobilen und der Zukunftschancen neuer Motoren- und Antriebskonzepte nehmen in seinen Artikeln breiten Raum ein.

Christof Vieweg / Peter Weyer

Umweltschutz am Steuer

Tips und Ratschläge für umweltbewußte Autofahrer

Kösel-Verlag München

Kösel Sachbuch
Redaktion: Hermann Hemminger

CIP-Kurztitelaufnahme der Deutschen Bibliothek

Vieweg, Christof:
Umweltschutz am Steuer : Tips u. Ratschläge
für umweltbewußte Autofahrer / Christof Vieweg ;
Peter Weyer. – München : Kösel, 1985.
(Kösel Sachbuch)
ISBN 3-466-11067-X

NE: Weyer, Peter:

Umschlag und Grafiken: Young Su Niedermeier
Fotos: Elvira Lemmer
Redaktionelle Betreuung: Siegfried Schmitz
Gesamtherstellung: Kösel, Kempten
Printed in Germany
ISBN 3-466-11067-X

Inhalt

100 km

Vorwort

»Der Umweltschutz wird für die Bürger immer wichtiger«, »Umweltfragen stärker im Blickpunkt«, »Vorfahrt für das Umwelt-Auto« – so oder ähnlich lauteten Ende 1984 die Schlagzeilen der Tageszeitungen zum Thema Umweltbewußtsein der Autofahrer. Meinungsumfragen lieferten den Hintergrund für solche Presseberichte: In weiten Teilen der Bevölkerung hat das Interesse an Umweltproblemen in den vergangenen Jahren stark zugenommen. Eine Untersuchung des Bonner Infas-Instituts bestätigt immerhin, daß 77 Prozent der Bundesbürger sogar ein Wachstum der Wirtschaft ablehnen würden, wenn es auf Kosten der Umwelt ginge.

Eine ähnliche Volksmeinung förderte auch eine im Auftrag des Bundesinnenministeriums durchgeführte Ipos-Studie zutage. Demzufolge erklärten sich 42 Prozent der Befragten bereit, trotz Mehrpreis ein abgasarmes Auto zu kaufen, um damit etwas gegen das Waldsterben zu tun.

Die Entscheidung für ein Umweltauto machten Politiker, Autofirmen und Ölgesellschaften den Autofahrern freilich nicht leicht: Saftige Mehrpreise für Katalysatormodelle und eine unzureichende europaweite Versorgung mit bleifreiem Benzin haben viele potentielle Katalysator-Käufer abgeschreckt. Die monatelange Verunsicherung der Autofahrer durch die Politiker tat ein übriges. Waren für Käufer von Katalysatorwagen zunächst steuerliche Vorteile von bis zu 3000 Mark vorgesehen, so ließ die Brüsseler EG-Kommission diesen Betrag auf nur noch 2200 Mark schrumpfen. Kleinwageninteressenten dürfen gar nur noch mit 750 Mark Steuerbonus rechnen. Ein überaus kompliziertes System von Steuererleichterungen für umweltgerüstete Altwagen und Steuererhöhungen für nicht entgiftete Autos macht die Bonner Umweltpolitik überdies für die meisten Bürger undurchschaubar.

◁ Tempo 100 auf der Autobahn: Schaden Vollgas-Fahrer dem Wald?

Auf einen Blick: Wer macht den meisten Dreck?

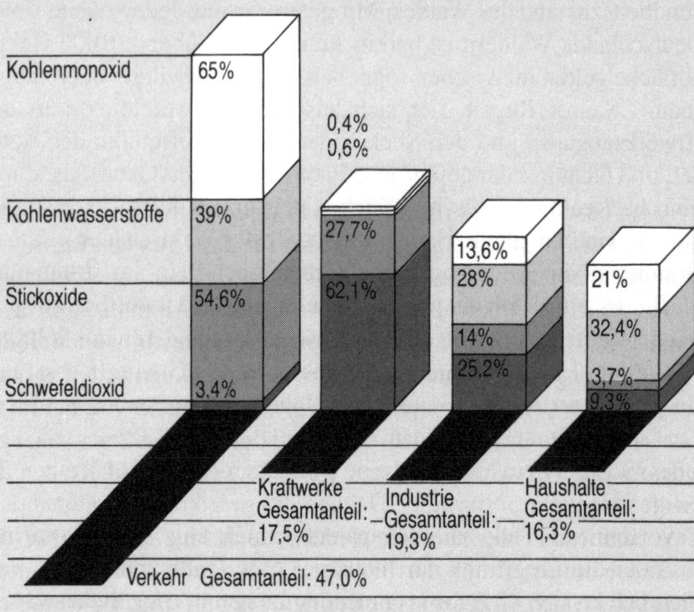

Abb. 1: Die Grafik macht es deutlich: In puncto Stickoxid-, Kohlenmonoxid- und Kohlenwasserstoff-Emission sind die Autos die größten Luftverschmutzer. Mit einem Anteil von 47 Prozent an allen Schadstoff-Belastungen (inclusive Staub) in der Bundesrepublik stoßen Kraftfahrzeuge mehr schädliche Abgase aus als Kraftwerke und Industriebetriebe. Summa summarum pusten Autos, Haushalte, Industrieunternehmen und Kraftwerke jährlich rund 16,6 Millionen Tonnen Schadstoffe in die Luft. (Quelle: Umweltbundesamt/VCI Wald)

Die Folge: Das ursprüngliche Interesse der Autofahrer an schadstoffarmen Neuwagen wich einer allgemeinen Verunsicherung und Skepsis. Die Neuwagenbranche erlebte Auftragsrückgänge von bis zu 20 Prozent. Die unklare Steuer- und Gesetzeslage ließ auch das Interesse an umweltfreundlichen Katalysatormodellen rapide schrumpfen: Nur ganze 22000 Autos mit Abgasfilter fanden in den ersten sechs Monaten des Jahres 1984 einen Käufer. Von ursprünglichen Prognosen, wonach sich jährlich bis zu 700000 Autokäufer für ein schadstoffarmes Modell entscheiden würden, redet mittlerweile niemand mehr.

Während sich Politiker und Bürokraten über Schadstoff-Grenzwerte und Steuersätze streiten, bangen Umwelt- und Naturschützer um den Gesundheitszustand des Waldes. Mit gutem Grund: Jeder zweite Baum in Deutschlands Wäldern ist bereits krank, allein über 110000 Hektar Waldfläche gelten inzwischen sogar »als stark geschädigt« oder »abgestorben«. Saurer Regen, der sich aus dem Schwefeldioxid in den Kraftwerksabgasen und den Stickoxiden im Auspuffqualm der Autos bildet, und nicht minder gefährliche Photooxidantien (Ozon), die durch chemische Reaktion zwischen Stickoxiden und Kohlenwasserstoffen entstehen, sind längst als Hauptverursacher der Waldschäden erkannt. Schlimmer noch: Die Abgasgifte stehen obendrein im dringenden Verdacht, für eine Vielzahl von Krankheiten mitverantwortlich zu sein.

Doch auf die Warnungen der Wissenschaftler reagieren die Politiker nur zögernd: Erst im Jahre 1989 müssen alle EG-Mitgliedsstaaten bleifreies Benzin anbieten, und erst im Jahre 1993 werden alle europäischen Neuwagen schadstoffarm sein.

Indes: Soll der deutsche Wald eine Überlebenschance bekommen, ist sofortiges Handeln notwendig. Da sich die gesetzlichen Maßnahmen und Vorschriften, wie die verspätete Einführung schadstoffarmer Autos oder die Entgiftung der Industrie- und Kraftwerksabgase, voraussichtlich erst gegen Ende kommenden Jahrzehnts positiv auswirken werden, ist die Eigeninitiative aller umweltbewußten Bürger erforderlich.

Unabhängig von gesetzlichen Vorschriften können Autofahrer schon jetzt ihren individuellen Beitrag zur Luftreinhaltung und zur Rettung des Waldes leisten. Dieses Buch gibt deshalb Antworten auf aktuelle Fragen zum wichtigsten Thema der heutigen Zeit. Es erklärt die Zusammenhänge zwischen dem Waldsterben und den Autoabgasen, es informiert über die neuesten Steuerpläne für abgasarme Autos, erläutert alle technischen Möglichkeiten zur nachträglichen Abgasentgiftung und gibt Autofahrern leichtverständliche Praxistips und Ratschläge zu allen anderen Umweltproblemen rund ums Auto.

Christof Vieweg
Peter Weyer

SMOG
in Essen
Ausfahrt frei nur
E-Wickenburgbrücke
und
224
227
6-10 und 15 - 20 h

1. Gift aus 30 Millionen Auspuffrohren

Abgasschadstoffe belasten Mensch und Umwelt

»Autos sind die größten Luftverschmutzer«, stellt das Berliner Umweltbundesamt (UBA) in einer Informationsbroschüre fest und fragt voller Besorgnis: »Fahren wir in die Sackgasse?«

Die Angst der Umwelt-Fachleute erscheint berechtigt. Seit Jahren schon bereiten die zunehmende Motorisierung und die damit verbundene Luftverunreinigung Medizinern und Naturforschern Kopfschmerzen. Denn die Abgase, die aus den Auspuffrohren der 30 Millionen bundesdeutschen Kraftfahrzeuge strömen, sind für Menschen, Tiere und Pflanzen pures Gift. Gift, das uns Jahr für Jahr in einer unvorstellbaren Dosis verabreicht wird: 420 Milliarden Kubikmeter Abgas pusten Deutschlands Autos innerhalb eines einzigen Jahres in die Luft!

Die Folgen dieser atemberaubenden Umweltverschmutzung sind unübersehbar: Kinder und alte Menschen leiden aufgrund der schadstoffreichen Luft immer häufiger an Erkrankungen der Atemwege, Bäume und Sträucher in allen deutschen Waldregionen sterben langsam ab, Äcker und Weideböden versauern, Tiere erkranken und Gebäude von hohem historischem Wert verwittern in bedrohlichem Tempo.

Vor allem in den Straßenschluchten mancher Großstädte erhöhen Auto-Abgase das Gesundheitsrisiko der Anwohner um ein Vielfaches. Kein Wunder: In den Städten machen die Abgas-Schadstoffe der Last- und Personenwagen nicht selten weit über 90 Prozent der Luftverschmutzung aus.

Die Giftstoffe aus den Auspuffrohren fahrbarer Untersätze gelten als besonders tückisch, da sie Gesundheit und Wohlbefinden der Menschen unmittelbar angreifen. Denn anders als die Industrieabgase, die

◁ Smog-Alarm im Ruhrgebiet: Gesundheitsgefahr durch Luftschadstoffe

aus hohen Schornsteinen in die Atmosphäre gepustet werden und erst mit Verzögerung und überdies verdünnt auf die Erde niederrieseln, blasen die Autos ihren Auspuffdreck direkt vor die Nasen und Münder von Fußgängern und Radfahrern.

Zu den gefährlichsten Giftstoffen im Autoabgas zählt dabei zweifellos das berüchtigte Kohlenmonoxid (CO). Als völlig geruch- und farbloses Gas verschlechtert es den lebensnotwendigen Sauerstofftransport im Blut und bewirkt Atemstörungen, Übelkeit, Kopfschmerzen und Kreislaufbeschwerden. Mit jeder Tankfüllung (50 Liter) bläst ein benzingetriebener Automotor immerhin fünf bis sieben Kilogramm Kohlenmonoxid in die Luft. Unsere fahrbaren Untersätze tragen damit die Hauptschuld (65 Prozent) an der mittlerweile auf jährlich 8,2 Millionen Tonnen angestiegenen CO-Belastung der Umwelt.

Über die Folgen und Auswirkungen dieser Entwicklung berichtete der Umweltmediziner und Direktor des Instituts für Umwelthygiene an der Universität Düsseldorf, Professor Dr. Hans-W. Schlipköter, vor einigen Jahren nach der Untersuchung von 139 Postboten: Bei Briefträgern, die seit Jahren ausschließlich im Stadtzentrum unterwegs sind, war der Sauerstofftransport im Blutkreislauf durch einen bedeutsam höheren Anteil des Abgasgifts Kohlenmonoxid blockiert als bei Postboten aus verkehrsärmeren Außenbezirken. Zwar besteht nach Expertenmeinung in unseren Städten nicht die Gefahr einer akuten CO-Vergiftung, doch gesundheitliche Langzeitschäden durch tagtägliche Einwirkung der Abgas-Schadstoffe will andererseits niemand ausschließen.

Eine ähnliche Gefahr für die Gesundheit geht auch von einem zweiten, nicht minder giftigen Bestandteil der Autoabgase aus: den Stickstoffoxiden (NO_x). Sie entstehen bei hohen Verbrennungstemperaturen und werden deshalb von den Autos überwiegend bei Autobahntempo ausgestoßen. Von den 3,1 Millionen Tonnen Stickoxiden, die jährlich die Luft in der Bundesrepublik verschmutzen, stammen denn auch rund 1,6 Millionen Tonnen (54 Prozent) aus den Auspuffrohren der Kraftfahrzeuge. Die Belastung der Umwelt durch NO_x-Emissionen hat damit während der letzten 30 Jahre um das Dreifache zugenommen. Eine Tatsache, deren Folgen naturverbundene Bundesbürger bei jedem Waldspaziergang beobachten können. Der berüchtigte Saure Regen, der die Wälder tötet, besteht immerhin zu einem Drittel aus den Stickoxiden der Industrie- und Autoabgase. Durch chemische Kettenreaktionen verwandeln sich die Stickoxide nämlich in der Atmosphäre zu Salpetersäure, die im Sauren Regen auf Westdeutschland niederrieselt und katastrophale Waldschäden verursacht.

Doch damit nicht genug: Im chemischen Hexenkessel der Stickoxid-Reaktion am Himmel bilden sich bei intensiver Sonneneinstrahlung noch weitere Schadstoffe, die Blätter und Nadeln unserer Bäume angreifen: sogenannte Photooxidantien wie das hochgiftige Ozon (O_3). Fachleute der nordrhein-westfälischen Landesanstalt für Immissionsschutz sind der umweltzerstörenden Wirkung des Ozons vor einigen Jahren auf die Spur gekommen und haben damit neben dem Sauren Regen einen zweiten Hauptverursacher für die bedrohlichen Waldschäden entlarvt. Ozon, das sich aus den Stickoxiden und Kohlenwasserstoffen der Auto-, Heizungs- und Industrieabgase bildet, verfärbt die Blätter der Bäume braun und läßt die Pflanzen langsam, aber sicher absterben.

Das Umweltgift schädigt freilich nicht nur die Vegetation: Wenn die Ozon-Konzentration am sommerlichen Himmel den kritischen Wert von 0,3 Milligramm pro Kubikmeter Luft übersteigt, ist auch die menschliche Gesundheit in Gefahr. Eine unübersehbare Dunstglocke, die Experten als »photochemischen Smog« bezeichnen, erhöht dann das Risiko von Atembeschwerden, Halserkrankungen, Husten und Tränenreiz. Auch die Infektionsgefahr steigt bei »Photo-Smog« deutlich an. Trotz dieser Erkenntnisse verweisen die Automobilhersteller nach wie vor auf die Tatsache, daß es noch keinen naturwissenschaftlich exakten Beweis dafür gibt, daß Autoabgase für das Waldsterben verantwortlich sind. Professor Heinrich Stratmann, Präsident der Landesanstalt für Immissionsschutz in Essen, hat für die gefährliche Wirkung der Autoabgase allerdings erdrückende Indizien gesammelt: »Die Autoabgase zerstören den Wald nicht direkt. Erst die Folgeprodukte der Abgase haben zerstörerische Wirkung. Durch Umsetzungsprozesse in der Atmosphäre entstehen aus den in den Abgasen enthaltenen Stickoxiden das schädliche Ozon und andere Oxidantien. Deshalb sind auch Gebiete, in denen die Abgase freigesetzt werden, oft selber gar nicht betroffen. So kommt es, daß es am Rande der Autobahnen oft noch so grün ist. Begasungsversuche haben eindeutig ergeben, daß Ozon Schäden an Pflanzen auslöst, und Messungen haben gezeigt, daß die Ozon-Konzentration der Luft in den Schadgebieten besonders stark ist.«

Mitverantwortlich an der Ozonbildung sind auch die bereits erwähnten Kohlenwasserstoffe (CH) im Abgas unserer Autos. Rund 1,6

Millionen Tonnen dieser krebserregenden Stoffe belasten jährlich die Umwelt der Bundesrepublik. Die bekanntesten und zugleich gefährlichsten Kohlenwasserstoffe heißen Benzpyren und Benzol. Beide Umweltgifte bilden sich im Motorraum nach unvollständigen Verbrennungsvorgängen und stehen im Verdacht, Lungenkrebs auszulösen. Das Einatmen von Benzoldämpfen – etwa beim Tanken – kann überdies Leukämie (Blutkrebs) hervorrufen.

Als »Waldkiller Nummer 1« ist allerdings ein anderes Gift erkannt: das von den Kraftwerken per Schornstein ausgestoßene Schwefeldioxid (SO_2). Jährlich rieselt davon – statistisch gesehen – fast ein Zentner auf jeden Bundesbürger nieder und kann folgenschwere Gesundheitsstörungen auslösen. In Verbindung mit Staub wirkt Schwefeldioxid vor allem auf die Atemwege des Menschen, führt aber in Einzelfällen auch zu Hauterkrankungen.

In der Natur hinterläßt das Gift nicht minder deutliche Spuren. So tötet es unzählige Pflanzen und Bäume, indem es den Abbau des lebenswichtigen Blattgrüns (Chlorophyll) beschleunigt. Immerhin: Der berüchtigte Saure Regen besteht zu zwei Dritteln aus giftiger Schwefelsäure, die sich in der Atmosphäre aus Schwefeldioxid gebildet hat.

Autofahrer müssen sich um dieses Umweltgift allerdings keine allzu großen Gedanken machen. Zwar produzieren Kraftwerke, Heizungsanlagen und Industriebetriebe mit jährlich 3,5 Millionen Tonnen Schwefeldioxid so viel des gefährlichen Umweltgifts, um damit 130000 Güterwaggons füllen zu können. Doch an der gesamten SO_2-Emission hat der Kraftfahrzeugverkehr »nur« einen Anteil von bescheidenen 3,4 Prozent. Der Grund dafür ist einfach: Da Schwefeldioxid nur beim Verbrennen schwefelhaltiger Energieträger entsteht, kommen allein die Besitzer eines Dieselautos als »SO_2-Sünder« in Frage. Der Dieselkraftstoff in der Bundesrepublik darf 0,3 Prozent Schwefel enthalten.

Daß die Diesel-Kapitäne auf unseren Landstraßen und Autobahnen ohnehin nicht zu den umweltfreundlichsten Autolenkern zählen, beweisen auch neueste amerikanische Untersuchungen. US-Wissenschaftler haben im Dieselabgas einen weiteren stark gesundheitsgefährdenden Stoff entdeckt: Ruß.

Über 27000 Tonnen dieses schmutzigen Verbrennungsrückstands pusten allein Deutschlands Dieselfahrer alljährlich in die Luft und verschmutzen damit nicht nur die Umwelt. Wie fast alle Abgasstoffe können auch die Rußpartikel Krankheiten auslösen, denn sie enthalten chemische Verbindungen, die als krebserregend gelten.

Angesichts dieser Erkenntnis widerspricht Dr. Rudolf Petersen, Wissenschaftler im Berliner Umweltbundesamt, der landläufigen Meinung, Dieselautos seien umweltfreundlich: »Diesel-Autos produzieren zwar weniger Abgas-Schadstoffe, belasten die Umwelt aber dennoch stärker als benzingetriebene Katalysator-Autos. Während bei höheren Geschwindigkeiten die Reinigungswirkung eines Katalysators zunimmt, bläst ein Dieselauto bei hohem Tempo mehr Schadstoffe in die Luft«, stellt der Experte klipp und klar fest.

Umweltwissenschaftler wie Dr. Petersen haben neben dem Ruß im Dieselabgas aber auch das Blei im Auspuffqualm benzingetriebener Fahrzeuge als Gesundheitsrisiko entlarvt. Die 4500 Tonnen des umstrittenen Schwermetalls, die Mineralölfirmen dem Benzin alljährlich als Antiklopfmittel beimischen, büßen nämlich selbst nach der Spritverbrennung im Motor nichts an Gefährlichkeit ein. Im Gegenteil: Aus dem Auspuff eines Personenwagens, der zehn Liter Sprit auf 100 Kilometer konsumiert, strömen durchschnittlich noch rund 10 Milligramm Blei pro Kilometer ins Freie. 50 bis 75 Prozent des Benzin-Zusatzmittels gelangen somit als giftiger Feinstaub in die Umwelt.

Daß Blei zu den derzeit gefährlichsten Giftstoffen in der Luft zählt, steht für Umweltmediziner längst außer Zweifel. Professor Dr. Hans-W. Schlipköter warnt deshalb eindringlich davor, die Gefahren der Bleibelastung zu unterschätzen: »Die Untersuchungen an Mensch und Tier deuten darauf hin, daß zum Schutz der Kinder die Bleiexposition in der Stadt so gering sein muß, daß bei Schwangeren und Kleinkindern Blutbleiwerte von nicht mehr als 20 µg je 100 Milliliter auftreten.« Eine solche minimale Bleibelastung ist in vielen Teilen unseres Landes aber noch immer graue Theorie. Allzu oft registrieren Ärzte bei ihren Patienten weitaus höhere Bleikonzentrationen im Blutkreislauf.

Auch Pflanzen und Bäume müssen unter dem schädlichen Benzinzusatz leiden. Seit kurzem überprüfen Heidelberger Naturwissenschaftler sogar die These, wonach Bleistaub aus den Auspuffrohren der Autos für die Waldschäden mitverantwortlich sein soll.

Fazit: Unsere fahrbaren Untersätze sind tatsächlich alles andere als umweltfreundlich. Giftige Abgasschadstoffe schädigen nicht nur die Gesundheit der Menschen, sie ruinieren auch die Pflanzenwelt. Trotzdem läßt sich die Luftverschmutzung durch Autoabgase wirksam verringern. Das folgende Kapitel verrät, wie Autobesitzer das Gift aus dem Auspuff unschädlich machen können.

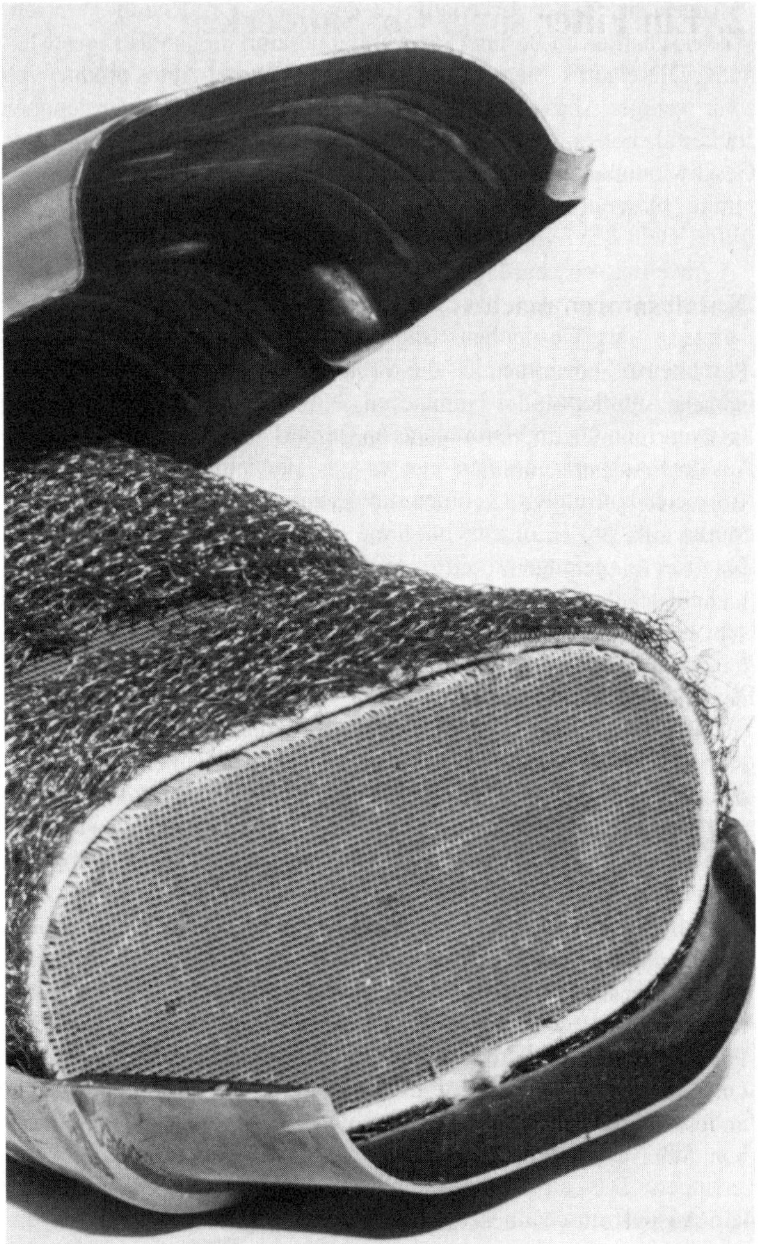

2. Ein Filter sorgt für Sauberkeit

Katalysatoren machen Neuwagen umweltfreundlich

Seit Juli 1983 beherrscht ein neues Fremdwort die deutsche Autofahrersprache. Es hat elf Buchstaben, stammt aus dem Griechischen und bedeutet im eigentlichen Sinne »Auflöser«: Katalysator.

Als Bundesinnenminister Dr. Friedrich Zimmermann (CSU) im Bonner Regierungskabinett seinen Plan zum ersten Mal verkündete, die Schadstoffe in den Autoabgasen um bis zu 90 Prozent zu verringern, ging ein Raunen durch die bundesdeutsche Autofahrerwelt. Niemand hatte bis dahin daran gedacht, daß die Bundesregierung den Autoabgasen so drastisch zu Leibe rücken wolle. Zwar war 1971 Ex-Bundeskanzler Willy Brandt (SPD) mit der Ankündigung, die Giftstoffe aus den Auspuffrohren fahrbarer Untersätze auf ein Zehntel zu reduzieren, schon einmal an die Öffentlichkeit getreten. Doch die Ölkrise und die Klagen der Autobesitzer über immer höhere Spritpreise übertönten danach die zaghaften Warnungen einiger Natur- und Umweltforscher und ließen somit auch den Plan des damaligen Regierungschefs schnell in Vergessenheit geraten. Daß CSU-Umweltminister Zimmermann dann im Sommer 1983 erneut das Abgasthema auf seine Fahnen schrieb, sorgte in Kreisen der Autoindustrie denn auch für Überraschung und Kritik. Flugs meldeten sich Automanager zu Wort, die den schädlichen Einfluß der Abgasschadstoffe auf den Wald bezweifelten und sich deshalb gegen die neuen Bonner Abgashürden aussprachen. Für die Techniker, die ihre Entwicklungsarbeiten auch an verschärften Umweltgesetzen orientieren müssen, stand jedoch schon von Anfang an fest, daß die drohenden Abgashürden vorerst nur durch den Einbau von Abgaskatalysatoren zu erfüllen sind.

◁ Abgas-Katalysator: Das wirksamste Mittel zur Abgas-Entgiftung

Jener Schadstoffkiller im Auspuffsystem der Autos ist für viele der hiesigen Autohersteller nichts Neues. Daimler Benz, BMW, Porsche, VW und Audi stellen schon seit Jahren Autos mit Katalysatortechnik her – für den Export in die Vereinigten Staaten und neuerdings auch nach Japan.

Im Land der unbegrenzten Möglichkeiten sind die Abgasfreiheiten der Autohersteller nämlich schon seit Mitte der siebziger Jahre stark eingeschränkt. Wer dort neue Autos auf den Markt bringen möchte, muß sich dem Zwang zum Katalysator beugen. Das gilt freilich auch für bundesdeutsche Autoproduzenten, die immerhin knapp zehn Prozent ihrer Jahresproduktion in die USA liefern.

Auch in Japan gelten bereits seit 1975 so strenge Abgasvorschriften, daß die Autohersteller nicht an der Katalysatortechnik vorbeikommen. Den rigoros verschärften Umweltschutzvorschriften verdanken die Japaner allerdings schon heute eine spürbare Verbesserung der Luftqualität: Lag die Schadstoffkonzentration an stark befahrenen Stadtstraßen 1975 noch durchschnittlich an 2,8 Tagen pro Jahr über der zulässigen Höchstgrenze, so registrieren Nippons Umweltbehörden seit 1982 nur noch an 0,3 Tagen ein Überschreiten der Maximalwerte. Diesen spürbaren Erfolg in Sachen Luftreinhaltung führen die Japaner zu Recht auf die seit 1978 zwingend vorgeschriebene Installation von Abgaskatalysatoren in alle Neufahrzeuge zurück. Die Katalysatorpflicht gilt freilich auch für bundesdeutsche Autos, von denen derzeit zwar nur rund 300000 Exemplare über Nippons Straßen rollen. Doch mit jährlichen Zuwachsraten von weit über 20 Prozent gewinnt langsam, aber sicher auch der japanische Markt für die deutsche Autoindustrie immer mehr an Bedeutung.

Über einen Mangel an Erfahrungen mit der Katalysatortechnologie können die meisten deutschen Auto-Produzenten also nicht klagen. Daß sie trotzdem gegen den von der Bundesregierung ursprünglich geplanten Einführungstermin für umweltfreundliche Neuwagen Sturm liefen, hatte vor allem zwei Gründe:

Erstens läßt sich ein Großteil der für den hiesigen Markt hergestellten Autos nicht sofort auf Katalysatorbetrieb umrüsten. Denn anders als die Exportversionen besitzen die meisten deutschen Wagen noch keine elektronische Benzineinspritzung, die für eine hundertprozentige Wirkungsweise des »geregelten« Schadstoffilters aber erforderlich ist. Umfangreiche Modelländerungen sind also notwendig. Änderungen, die die Auto-Produzenten nicht innerhalb weniger Jahre bewältigen können, zumal Firmen wie Ford und Opel aufgrund fehlender Exportaktivitäten jegliche Erfahrung mit Katalysatoren fehlte.

Zweitens betrachten die Motorentechniker den Abgaskatalysator nicht als der Weisheit letzten Schluß. So verweist beispielsweise Dietrich Buck, Abgasexperte bei der Rüsselsheimer Adam Opel AG, in einer Werksbroschüre stolz auf die Erfolge der letzten Jahre, die auch ohne Katalysatoren erreicht wurden: »Die heutigen Modelle unterschreiten die Abgasgrenzwerte des Modelljahrgangs 1969/70 bei Kohlenmonoxid im Durchschnitt um 75 Prozent.« Der Fachmann wünscht sich wie viele seiner Kollegen in den Forschungsabteilungen der Autokonzerne statt Katalysatoren eine Weiterentwicklung der Motorentechnologie, mit deren Hilfe das Abgasproblem ebenfalls in den Griff zu bekommen sei. Nur: Die dafür notwendigen Entwicklungsarbeiten dauern noch Jahre.

Drittens müssen sich Abgasfilter für den Einsatz auf deutschen Straßen in einem wichtigen Punkt von Exportfiltern unterscheiden: Während in den USA und in Japan ein Tempolimit von 88 beziehungsweise 100 km/h gilt, herrscht hierzulande auf den Autobahnen noch immer freie Fahrt. Die Folge: Katalysatoren für deutsche Autos sind weitaus höheren Belastungen und Abgastemperaturen ausgesetzt. Techniker befürchten deshalb, die Filter seien nicht vollgasfest und würden bei hohem Tempo verbrennen.

Inzwischen sind diese Vollgasbedenken aber endgültig vom Tisch. »Es gibt keine merkliche Abhängigkeit zwischen Katalysator-Wirkung und Geschwindigkeit«, stellte so beispielsweise Professor Dr. Albert Kuhlmann, Geschäftsführer des TÜV Rheinland, nach Vollgastests mit fünf Katalysatorautos fest. Fazit der Untersuchung: Katalysatoren büßen erst nach einer Gesamtfahrleistung von 80000 Kilometern einen Teil ihrer Reinigungswirkung ein.

Damit gilt das Abgasfilter in der Bodengruppe neuer Automobile als das derzeit zuverlässigste Gerät, um die Schadstoffe im Auspuffqualm unschädlich zu machen. Der ovale keramische Wabenkörper eines Katalysators besteht aus einer Unzahl winzig kleiner Kanäle, die mit den wertvollen Edelmetallen Platin oder Rhodium beschichtet sind. Obwohl der Katalysator nur knapp 25 Zentimeter lang und zehn Zentimeter dick ist, beherbergt er in seinem Inneren aufgrund der stark zerklüfteten Kanäle die Fläche mehrerer Fußballplätze. Bei einer Abgastemperatur von über 300 Grad Celsius werden hier zunächst die Stickoxide im Abgas an den edelmetallbeschichteten Katalysatorwänden zerlegt und die übrigen Schadstoffe wie Kohlenmonoxid und Kohlenwasserstoffe durch Zufuhr von Sauerstoff nachverbrannt. Es entstehen die für Menschen und Natur ungefährlichen Stoffe Wasserdampf (aus den Kohlenwasserstoffen), Kohlendioxid (aus dem Kohlenmonoxid) und Stickstoff (aus den Stickoxiden). Die Betriebstemperatur von rund 300 Grad hat der Katalysator übrigens unter normalen Bedingungen schnell erreicht: Schon etwa eine Minute nach dem Kaltstart des Motors arbeitet das Abgasfilter auf Hochtouren.

Techniker unterscheiden zwischen verschiedenen Katalysatorsystemen, die im Laufe der vergangenen Jahre den verschiedenen Abgasgesetzen angepaßt wurden. Hierzulande kommt der sogenannte Dreiwege-Katalysator zum Einsatz, der mit Hilfe einer Sauerstoff-Meßsonde, der sogenannten Lambda-Sonde, die Kohlenwasserstoffe zu etwa 80 Prozent, das Kohlenmonoxid zu 85 Prozent und die Stickoxide zu etwa 70 Prozent aus dem Auspuffqualm herausfiltert.

Die Meßsonde, die im Auspuffrohr vor dem Katalysator steckt, hat eine überaus wichtige Aufgabe: Sie überprüft ständig die Luft- und Kraftstoffanteile im Abgas und schlägt bei einem ungünstigen Verhältnis sofort Alarm. Mittels Steuerimpuls beeinflußt die Lambda-Sonde dann die elektronische Benzineinspritzung des Motors und reguliert das Luft-Benzin-Verhältnis so lange nach, bis der ideale Anteil von 14,6 Kilogramm Luft pro ein Kilogramm Kraftstoff erreicht hat.

Die Lambda-Regelung ist für die Filterwirkung des Katalysators wichtig, denn bei zu mager laufendem Motor (= zuviel Luft) lassen sich zum Beispiel die Stickoxide nicht unschädlich machen, während eine zu fette Motoreinstellung (= zuwenig Luft) den Ausstoß von Kohlenmonoxid und Kohlenwasserstoffen erhöht.

Das für den Katalysatorbetrieb notwendige, relativ fette Benzin-Luft-Gemisch von 14,6:1 hat allerdings einen gewichtigen Nachteil: Es bewirkt einen um durchschittlich fünf Prozent höheren Spritverbrauch des Autos, denn sparsame Autotriebwerke arbeiten normalerweise mit einem weitaus magereren Luft-Kraftstoff-Verhältnis von etwa 16:1.

Im Alltagsbetrieb kennt der Katalysator eigentlich nur zwei Feinde: Blei und Hitze. Weil sich das Schwermetall in den winzigen Kanälen des Keramikkörpers festsetzt und das Abgasfilter damit verstopft, sind Katalysatorautos auf das inzwischen weit verbreitete bleifreie Benzin angewiesen. Wer sein Umweltauto trotzdem mit herkömmlichen Bleisprit füttert, verspürt im Fahrbetrieb zwar kaum, daß der Katalysator seinen Geist aufgibt. Doch mit der Reinigungswirkung des Filter-

Das Katalysatorsystem: Der Giftfresser sitzt im Auspuff

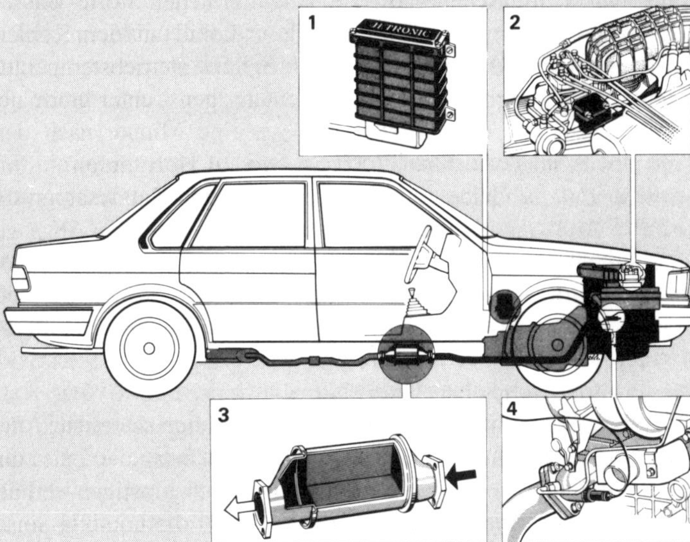

Abb. 2: Katalysatorautos müssen mit einer elektronischen Benzineinspritzung (1) oder einem elektronisch gesteuerten Vergaser ausgerüstet sein, der mit Hilfe einer elektrisch-hydraulischen Regelung (2) stets für ein konstantes Benzin-Luft-Gemisch sorgt. Die Lambda-Sonde (4) im Auspuffkrümmer überprüft die Luft- und Kraftstoffanteile im Abgas und beeinflußt bei einem ungünstigen Verhältnis die Benzineinspritzung (Jetronic). Auf diese Weise wird sichergestellt, daß der Katalysator (3) alle Abgasschadstoffe mit bis zu 90prozentiger Sicherheit in ungefährliche Gase umwandelt.

systems am Wagenboden ist es dann schnell vorbei. Amerikanische Tests beweisen immerhin, daß ein Katalysator schon nach zwei Tankfüllungen bleihaltigen Treibstoffs bis zu 40 Prozent mehr Kohlenmonoxid ungefiltert in die Umwelt strömen läßt als unter normalen Bleifrei-Bedingungen. Auch die Reinigungskraft für Kohlenwasserstoffe und Stickoxide nimmt bereits nach zwei bis drei bleihaltigen Tankfüllungen um bis 30 Prozent ab.

Ebenso wie Blei bewirken auch hohe Abgastemperaturen ein frühzeitiges Aus für den Katalysator. Während der normale Arbeitsbereich des Schadstoff-Filters bei rund 800 Grad Celsius liegt, können schon Temperaturen von rund 1000 Grad Celsius die Wirkung des Katalysators erheblich beeinträchtigen. Bei 1400 bis 1500 Grad Celsius schmilzt das Keramikrohr sogar. Temperaturen dieser Größenordnung sind im Alltagsbetrieb eines Autos freilich keine Seltenheit: Schon bei einer einzigen Fehlzündung können solche gefährlichen Celsiusgrade auftreten.

Trotz aller Nachteile und Probleme wissen sich Motoren- und Umweltexperten in einem Punkt einig: Für den Katalysator gibt es keine Konkurrenz. Vorläufig zumindest.

Zwar arbeiten die Entwicklungsingenieure in den Autofabriken fieberhaft an alternativen Systemen zur Schadstoffreduzierung, doch schenkt man den Cheftechnikern Glauben, wird es solche Konzepte nicht mehr vor Ende dieses Jahrzehnts geben.

Um die Abgaswerte eines Otto-Motors auch ohne Drei-Wege-Katalysator neuen Abgasvorschriften anzupassen, arbeiten zahlreiche Autohersteller an sogenannten »Magermotoren«. Durch eine völlig veränderte Abstimmung von Zündung und Gemischbildung sowie eine drastische Abmagerung des Kraftstoffanteils im Verbrennungsgemisch sollen sich die Schadstoffemissionen spürbar reduzieren lassen. Allerdings: Ganz ohne Katalysator kommen auch die Magermotoren nicht aus. Denn das abgemagerte Gemisch bewirkt lediglich eine Verminderung des Stickoxidausstoßes. Die übrigen Abgasbestandteile wie Kohlenmonoxid und Kohlenwasserstoffe müssen trotzdem mittels eines einfachen Oxidationskatalysators nachverbrannt und damit unschädlich gemacht werden.

Obwohl der lambdageregelte Dreiwege-Katalysator weitaus größere Umwelterfolge verspricht als andere Maßnahmen zur Abgasreduzierung, findet das Schadstoff-Filter längst nicht überall in Europa Zustimmung. Dies bekam Mitte 1985 auch die Bonner Bundesregierung zu spüren, als sie auf Drängen anderer Mitgliedsstaaten der Europäischen Gemeinschaft in Sachen Katalysator-Einführung erheblich zurückstekken mußte. Vor allem die Italiener, Franzosen und Briten sprachen sich im EG-Ministerrat vehement gegen die obligatorische Einführung von Katalysatorautos in allen Hubraumklassen aus. Mehr noch: Auch die strengen amerikanischen Abgas-Grenzwerte, die Innenminister Zimmermann ursprünglich schon ab 1986 für die Bundesrepublik übernehmen wollte, fanden in den anderen EG-Ländern und bei der für Handelsfragen zuständigen EG-Kommission keine Zustimmung. Statt

Auf einen Blick: Die neuen EG-Abgasnormen

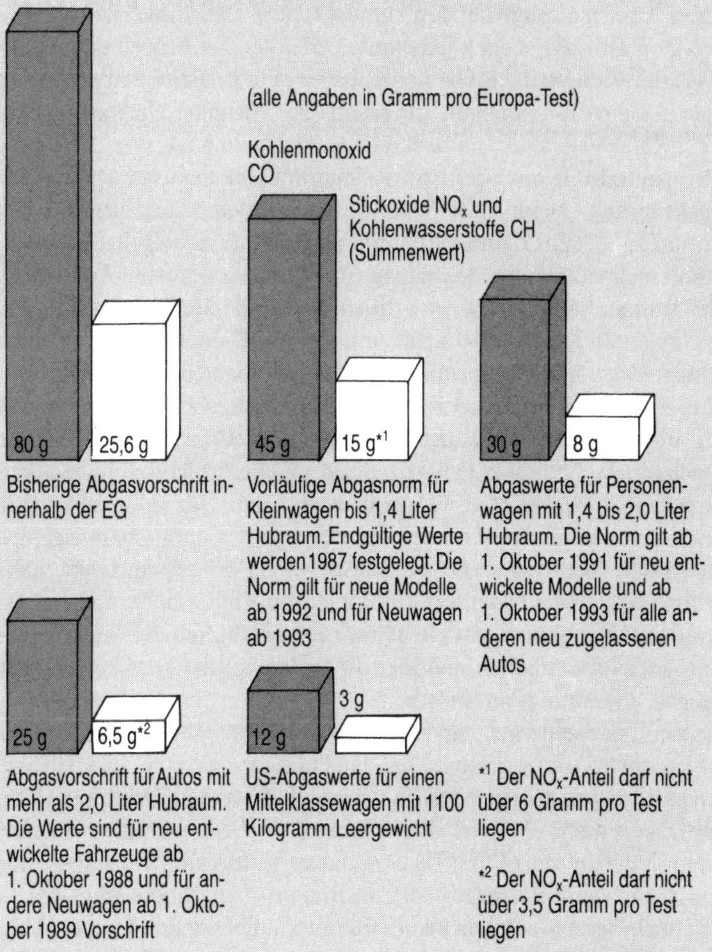

Abb. 2 a: So sehen die neuen europäischen Abgas-Grenzwerte nach dem EG-Kompromiß von Luxemburg aus. Die Neuregelung bedeutet zwar gegenüber der bisherigen Vorschrift eine erhebliche Verschärfung der Abgasnormen, doch trotzdem liegen die EG-Grenzwerte noch weit über den strengen US-Richtlinien. Der Einbau eines geregelten Katalysators wird in Europa ab 1988 nur für Personenwagen mit mehr als zwei Litern Hubraum Pflicht.

dessen einigte man sich am 27. Juni 1985 nach mehrstündigen Verhandlungen in Luxemburg auf neue, europaeinheitliche Abgasnormen, deren Auswirkungen für den Umweltschutz stark umstritten sind.

Klarer Fall: Die neuen EG-Werte bedeuten das Aus für den geregelten Katalysator und das Umweltauto. Da die Abgasnormen der Europäischen Gemeinschaft weit über den US-Standards liegen, kommen viele Kleinwagen mit bis zu 1,4 Liter Hubraum jetzt sogar völlig ohne Abgasentgiftung aus oder müssen lediglich mit einer einfachen Abgas-Rückführung (siehe Seite 53) bestückt werden. Auch in der Mittelklasse (1,4 bis 2,0 Liter Hubraum) hat das lambdageregelte Schadstoff-Filter ausgedient. Um den neuen EG-Werten zu entsprechen, werden die Autohersteller Neuwagen dieser Kategorie künftig nur mit einem ungeregelten Katalysator ausrüsten müssen. Dieses Filter wird einfach in das Auspuffsystem installiert und kommt ohne elektronische Steuerung und Benzineinspritzung aus. Giftige Abgaskomponenten macht der ungeregelte Katalysator deshalb auch nur zu rund 50 Prozent unschädlich. Lediglich Fahrzeuge der gehobenen Mittelklasse und der Luxusklasse, deren Hubraum über zwei Liter liegt, müssen nach den Vorstellungen der EG-Umweltminister ab 1988 möglicherweise einen geregelten Katalysator besitzen. Allerdings könnte auch bereits der Einbau eines Zweiwege-Katalysators ausreichen, um die EG-Norm zu erfüllen. Dieses preiswertere Filter macht lediglich die Stickoxide im Autoabgas unschädlich und läßt die anderen Schadstoffkomponenten nahezu ungereinigt ausströmen.

Die Entscheidung, nur für hubraumstarke Autos relativ strenge Abgaswerte vorzuschreiben, fiel den Politikern unserer Nachbarstaaten leicht. Denn während in der Bundesrepublik rund 2,7 Millionen Personenwagen mehr als zwei Liter Hubraum haben, fahren auf französischen Straßen nur 600000 Autos dieser Kategorie. In Italien sind es sogar nur rund 100000 Stück. In diesem Zusammenhang wird verständlich, weshalb Italien und Frankreich auf besonders laschen Abgaswerten bestanden haben: In Italien sind derzeit fast 16 Millionen Autos mit weniger als 1,4 Liter Hubraum zugelasen; in Frankreich gibt es 13 Millionen Kleinwagen, in der Bundesrepublik aber nur 8,2 Millionen.

Die Katalysatorfrage haben die ausländischen Regierungen als ein Überlebensproblem für ihre heimische Autoindustrie dargestellt. »Die Bundesregierung ist dabei, die gesamte europäische Autoindustrie zu ruinieren«, meinte Jacques Calvet, Generaldirektor des französischen Autokonzerns Peugeot/Talbot und beschimpfte die bundesdeutschen

Umweltschützer als »Bande von Hysterikern«. Hinter der Weigerung, den Katalysator einzuführen, stehen in Frankreich und Italien in erster Linie handfeste wirtschaftliche Interessen. Das Abgasfilter würde die Kleinwagen der französischen und italienischen Firmen so stark verteuern, daß die Hersteller im in- und ausländischen Handel um Marktanteile bangen müßten. Fazit: Im Ausland will man keine umweltfreundlichen, sondern vor allem preiswerte Autos bauen. Die neuen EG-Abgasvorschriften tragen dieser Forderung zu Lasten des Umweltschutzes Rechnung. Denn nach Ansicht des Heidelberger Instituts für Energie- und Umweltforschung (Ifeu) stellt der EG-Abgaskompromiß keine Hilfe für den sterbenden Wald dar. Im Gegenteil: Berechnungen der Heidelberger Wissenschaftler beweisen, daß die Stickoxidbelastung jetzt bis zur Jahrtausendwende noch weiter ansteigen wird. Da erst 1993 alle Neuwagen die verschärften Abgaswerte erfüllen müssen, sinkt der Stickoxidanteil in der Luft dann erst langsam wieder auf heutiges Niveau. »Die Stickoxid-Belastung aus dem Verkehr nimmt in der Bundesrepublik jährlich um fünf Prozent zu. Die abgasarmen Neuwagen, die es von 1988 an gibt, können das nicht wettmachen«, kritisierte Ulrich Höpfner vom Ifeu-Institut die neuen EG-Bestimmungen.

Die berechtigten Sorgen deutscher Umwelt- und Naturschützer stoßen im Ausland allerdings oftmals auf taube Ohren. So ist beispielsweise den Briten das Thema Waldsterben völlig fremd. Kein Wunder: Meereswinde wehen regelmäßig einen beträchtlichen Anteil der Luftschadstoffe von der Insel in Richtung Kontinent. Hinzu kommt, daß der Anteil der Waldflächen in den anderen EG-Ländern kleiner ist als in der Bundesrepublik: Während bei uns 29 Prozent der Grundfläche von Wäldern bedeckt sind, hat Frankreich nur 23 Prozent, Italien nur 20 Prozent und Großbritannien sogar nur acht Prozent Waldfläche.

Vor diesem Hintergrund wird deutlich, daß Umweltminister Zimmermann mit seinen Katalysatorplänen auf europäischer Ebene von vornherein zum Scheitern verurteilt war. Nur in einem Punkt konnte sich die deutsche Delegation schließlich im EG-Ministerrat durchsetzen: Der Kauf eines umweltfreundlichen Automobils darf hierzulande durch einen Steuerbonus gefördert werden.

So befreien Deutschlands Finanzämter »schadstoffarme« Neuwagen, die den neuen EG-Abgasnormen entsprechen, für maximal sechs Jahre und zehn Monate von der Kraftfahrzeugsteuer. Je nach Hubraumgröße des auserwählten Wagens und je nach Zulassungsdatum bringt

Steuerbefreiung für schadstoffarme Autos: Maximal 2200 Mark Ersparnis

Hubraum ccm	Dauer der Steuerbefreiung bei Anerkennung bis 31. 12. 86			Dauer der Steuerbefreiung bei Anerkennung im Jahre 1987			Dauer der Steuerbefreiung bei Anerkennung nach dem 31. 12. 87		
	Jahre	Monate	Steuervorteil (DM)	Jahre	Monate	Steuervorteil (DM)	Jahre	Monate	Steuervorteil (DM)
bis 1500	6	10	2214	5	1	1647	3	5	1107
bis 1600	6	5	2218	4	10	1670	3	2	1094
bis 1700	6		2203	4	6	1652	3		1102
bis 1800	5	8	2203	4	3	1652	2	10	1102
bis 1900	5	5	2223	4	1	1676	2	8	1094
bis 2000	5	1	2196	3	10	1656	2	7	1116
bis 2100	4	10	2192	3	8	1663	2	5	1096
bis 2200	4	8	2218	3	6	1663	2	4	1109
bis 2300	4	5	2194	3	4	1656	2	3	1118
bis 2400	4	3	2203	3	2	1642	2	2	1123
bis 2500	4	1	2205	3	1	1667	2		1080
bis 2600	3	11	2198	2	11	1638	2		1123
bis 2700	3	9	2187	2	10	1652	1	11	1118
bis 2800	3	8	2218	2	9	1663	1	10	1109
bis 2900	3	6	2192	2	8	1670	1	9	1096
bis 3000	3	5	2214	2	7	1647	1	8	1080
bis 3100	3	4	2232	2	6	1647	1	8	1116
bis 3200	3	2	2189	2	5	1670	1	7	1094
bis 3300	3	1	2198	2	4	1663	1	7	1129
bis 3400	3		2203	2	3	1652	1	6	1102
bis 3500	2	11	2202	2	2	1638	1	5	1071

diese Regelung Autokäufern finanzielle Vorteile von bis zu 2232 Mark ein. Die Tabelle »Steuerbefreiung« informiert ausführlich, wie lange »schadstoffarme« Personenwagen mit mehr als 1,4 Liter Hubraum von der Steuer befreit sind.

Mit diesen Steuervorteilen dürfen freilich auch jene Autokäufer rechnen, die sich in der Fahrzeugklasse über 1,5 Liter Hubraum für ein

Modell mit geregeltem Katalysator nach US-Norm entscheiden. Kauf und Zulassung dieser wirklich schadstoffarmen Autos sind nämlich hierzulande trotz EG-Kompromiß nach wie vor möglich: Der Bundesverkehrsminister ließ die US-Abgasgrenzwerte immerhin in der Straßenverkehrs-Zulassungsordnung festschreiben.

Ein weitaus kleineres Steuergeschenk winkt indes Kleinwagen-Interessenten. Nach dem Willen der Brüsseler EG-Kommission darf der Steuervorteil für Autos mit weniger als 1,4 Liter Hubraum nur höchstens 750 Mark betragen. Um in den Genuß dieser Sparmöglichkeit zu kommen, müssen Kleinwagen auf dem deutschen Markt die EG-Abgaswerte allerdings um exakt 15 Prozent unterbieten. Im Klartext: Für die Anerkennung als »bedingt schadstoffarmes« Auto der »Stufe C« – so heißen abgasentgiftete Kleinwagen im Gesetzestext – gelten hierzulande folgende Abgashürden:

- Kohlenmonoxid maximal 38,25 Gramm je Europa-Test;
- Kohlenwasserstoffe und Stickoxide maximal 12,75 Gramm je Europa-Test, wobei der Stickoxid-Anteil nicht über sechs Gramm liegen darf.

Für Neuwagenkäufer, deren Gefährte diese Werte einhalten, gibt es die in der Tabelle auf Seite 30 genannte Steuerbefreiung.

Daß der auf maximal 756 Mark verminderte Kleinwagen-Steuervorteil auch beispielsweise für 1,3-Liter-Fahrzeuge gilt, die den US-Grenzwerten entsprechen, bezeichnen Kritiker der Bonner Steuerregelung freilich nur als eine von vielen Ungereimtheiten in den neuen Bestimmungen.

Denn die Tatsache, daß Autofahrer, die für ein wirklich umweltfreundliches Auto bis zu 2500 Mark mehr investieren, den gleichen Steuerbonus erhalten wie Autokäufer, die für nur 300 Mark eine Abgasrückführung installieren lassen, kann in der Tat als ungerecht gelten. Gleiches gilt auch für die Steuerbefreiung jener Mittelklassewagen (1,4 bis 2,0 Liter Hubraum), die für nur rund 1000 Mark einen ungeregelten Katalysator benötigen, um die EG-Abgasgrenzwerte zu erfüllen. Der 1000-Mark-Investition steht ein Steuerbonus von bis zu 2200 Mark gegenüber. Umweltexperten hoffen indes, daß diese Übersubventionierung die Verkaufszahlen für abgasärmere Autos schneller als bisher nach oben treibt.

Das wichtigste Ziel der Steuerpläne für sogenannte Umweltautos dürfte es also sein, Deutschlands Autolenker möglichst schnell zum Kauf eines schadstoffarmen Wagens zu bewegen. Im Klartext: Je

Steuerbefreiung für schadstoffarme Kleinwagen: Maximal 750 Mark Ersparnis

Hubraum ccm	Dauer der Steuerbefreiung bei Anerkennung bis 31. 12. 86			Dauer der Steuerbefreiung bei Anerkennung im Jahre 1987			Dauer der Steuerbefreiung bei Anerkennung nach dem 31. 12. 87		
	Jahre	Monate	Steuervorteil (DM)	Jahre	Monate	Steuervorteil (DM)	Jahre	Monate	Steuervorteil (DM)
bis 1000	3	6	756	2	7	558	1	9	378
bis 1100	3	2	752	2	5	574	1	7	376
bis 1200	2	11	756	2	2	562	1	5	367
bis 1300	2	8	749	2		562	1	4	374
bis 1399	2	6	756	1	10	554	1	3	378

früher Sie auf ein abgasentgiftetes Auto umsteigen, desto weniger Steuern müssen Sie berappen. Wer beispielsweise noch bis zum Dezember 1986 einen VW Golf mit Katalysator (1781 ccm Hubraum) anmeldet, erhält für das Auto in den kommenden fünf Jahren und acht Monaten keinen Steuerbescheid. Die Ersparnis unterm Strich: exakt 2203 Mark.

Rollt das gleiche Auto aber erst 1987 auf die Straßen, sieht die Sache schon anders aus. Die Steuerbefreiung gilt dann nur noch für vier Jahre und drei Monate, was einen finanziellen Vorteil von 1652 Mark ausmacht. Ab 1988 kassiert das Finanzamt dann nur für zwei Jahre und zehn Monate keine Kraftfahrzeugsteuern ein, so daß der Bonus auf nur noch 1102 Mark schrumpft.

Unbegrenzt lange gilt das Steuergeschenk für umweltschonende Autos freilich nicht. Personenwagen mit mehr als zwei Liter Hubraum fahren nur dann steuerfrei, wenn sie bis spätestens 30. September 1988 als »schadstoffarm« anerkannt sind. Für kleinere Autos mit 1,4 bis 2,0 Liter Hubraum läuft die Anerkennungsfrist am 30. September 1991 endgültig ab. Nur für die »bedingt schadstoffarmen« Kleinwagen der sogenannten Stufe C steht ein solches Enddatum noch nicht fest. Die EG-Finanzexperten wollen darüber erst im Jahre 1987 entscheiden. Wer sich für ein »schadstoffarmes« oder »bedingt schadstoffarmes«

Fahrzeug nach EG- oder US-Norm entscheidet, fährt übrigens auch nach Ablauf des Befreiungszeitraums günstiger: Dann gilt ein ermäßigter Steuersatz von 13,20 Mark (statt 21,60 Mark) pro 100 Kubikzentimeter Hubraum.

Steuerbefreiung und ermäßigter Steuersatz bleiben an das jeweilige Fahrzeug gebunden. Wenn Sie also ein gebrauchtes Katalysatorauto verkaufen, kommt auch der Zweit- oder Drittbesitzer innerhalb des Befreiungszeitraums in den Genuß des Steuerbonus oder nach Ablauf der Steuerbefreiung in den Vorteil eines ermäßigten Tarifs.

Hinter dem Steuerbonus für schadstoffarme Neuwagen verbirgt sich freilich mehr als nur ein Kaufanreiz. Mit Hilfe der Steuerbefreiung sollen auch der höhere Kaufpreis und die gestiegenen Betriebskosten eines Umweltautos zumindest teilweise kompensiert werden. Denn: In puncto Benzinverbrauch schneiden beispielsweise die Katalysatorautos bislang noch geringfügig schlechter ab als vergleichbare Modelle ohne Abgasfilter. Zwar haben sich die kühnen Behauptungen einiger Autolobbyisten, wonach der Katalysator einen Mehrverbrauch von bis zu 15 Prozent bewirken soll, längst als übertrieben herausgestellt. Doch auch objektive Verbrauchsmessungen bescheinigen den Katalysatorautos einen höheren Spritkonsum – allerdings nur von 0,5 bis 0,8 Liter je 100 Kilometer.

Vergleicht man die tatsächlichen Betriebskosten eines Katalysatormodells mit denen eines herkömmlichen Wagens, so müssen Besitzer des umweltfreundlichen Gefährts aber dank der Steuerbefreiung trotzdem nicht draufzahlen. So ergab eine Kostenanalyse der *Auto Zeitung* für einen BMW 525e ohne Katalysator und das gleiche Modell mit Schadstoff-Filter, daß der Steuerbonus sogar einen günstigeren Kilometerpreis bewirkt: Während der herkömmliche BMW bei einer Jahresfahrleistung von 18000 Kilometern pro Kilometer Kosten von 36 Pfennig verursacht, müssen Besitzer des Katalysatorpendants nur mit 34 Pfennig je Kilometer rechnen.

Allerdings: Der Kostenvergleich der *Auto Zeitung* beinhaltet nicht den um rund 1800 Mark höheren Anschaffungspreis des umweltfreundlichen Wagens. Wird dieser Posten in die Berechnung einbezogen, so macht sich der Kauf eines Katalysatorwagens freilich erst nach einer längeren Betriebsdauer von einigen Jahren vollends bezahlt.

Doch finanzielle Vorteile sollten beim nächsten Autokauf nicht ausschließlich im Vordergrund stehen. Zwar haben die neuen europäischen Abgasnormen den Siegeszug des Katalysatorautos gestoppt,

Umwelttips: Was Besitzer von Katalysatorautos beachten sollten

- Katalysatorautos sind teurer als herkömmliche Wagen. Wer einen Ratenkredit zum Kauf eines Umweltautos aufnimmt, kann allerdings bei der Bank für Gemeinwirtschaft bares Geld sparen. Das Kreditinstitut verzichtet in diesem Fall auf die sonst übliche Bearbeitungsgebühr. Ersparnis: Bei einem 20000-Mark-Darlehen rund 400 Mark.
- Autos mit Katalysator sind auf bleifreies Benzin angewiesen. Wer bleihaltigen Treibstoff tankt, ruiniert das Abgasfilter.
- Das Katalysatorsystem erfordert eine sorgfältige Wartung des Wagens in einer Fachwerkstatt: Bei jedem Ölwechsel sollten das Ventilspiel und der Zustand der Zündkerzen überprüft werden. Die Zündanlage und Gemischbildung müssen stets ordnungsgemäß eingestellt sein – Fehlzündungen könnten den Katalysator zerstören.
- Die für den Katalysatorbetrieb wichtige Lambda-Sonde im Auspuff arbeitet zwar wartungsfrei, hält aber leider nicht ewig. Experten empfehlen den Austausch der Sonde nach spätestens 50000 Kilometern. Kosten: rund 200 Mark.
- Das Abgasfilter selbst büßt im Laufe der Zeit an Reinigungskraft ein. Der Gesetzgeber verlangt, daß der Katalysator mindestens über 80000 Kilometer die Abgas-Grenzwerte einhält. Nach ADAC-Meinung ist das Abgasfilter nach 160000 Kilometern erneuerungsbedürftig. Kosten: 800 bis 1200 Mark.
- Auch schadstoffarme Autos müssen einmal pro Jahr zur Abgas-Sonderuntersuchung (siehe Seite 43). Dort werden der Kohlenmonoxidanteil im Leerlaufabgas, die Zündeinstellung und die Leerlaufdrehzahl kontrolliert. Kosten: beim TÜV rund 27 Mark.

doch wer als Autofahrer wirklich etwas für den Umweltschutz tun will, entscheidet sich trotz EG-Beschluß freiwillig für ein Kat-Modell nach US-Norm. Freiwilligkeit und Eigeninitiative aller Autofahrer scheinen also einmal mehr notwendig zu sein, um die mangelnde Entscheidungskraft der Umweltpolitiker im Interesse des Waldes und der Gesundheit zu kompensieren. Die Ankündigung der wichtigsten deutschen Autohersteller, trotz der EG-Abgaswerte auch weiterhin vollwertige Katalysatorautos in allen Fahrzeugklassen anzubieten, macht die Kaufentscheidung zweifellos leichter. Und unbezahlbar ist die 90prozentige Abgasentgiftung nicht: Wer sich wegen des höheren Anschaffungspreises nicht für ein Katalysatormodell entscheiden will, sollte vor der

Neuwagenbestellung einmal kritisch die Liste seiner Ausstattungswünsche überprüfen. Der Verzicht auf mehr oder minder sinnvolle Details wie Metallic-Lack, Leichtmetallfelgen oder Breitreifen spart oftmals mehr Geld ein, als der Katalysator kostet.

Immerhin: Bei einer Befragung der Mobil Oil AG gaben schon im Mai 1985 rund 59 der Autofahrer an, ab 1986 auf ein Katalysatormodell umzusteigen. Wird diese Absichtserklärung Realität, bekommt der kranke Wald wieder eine Chance.

Mit welchen neuen Abgasgesetzen und welchen finanziellen Vorteilen Käufer von Diesel-Personenwagen rechnen können, soll das folgende Kapitel erklären.

Diesel

3. Die Stinker machen Karriere

Sind Dieselautos eine umweltfreundliche Alternative?

Seit die Abgase unserer Autos in den Kernpunkt der Umweltschutzdiskussion geraten sind, treten Autos mit Dieselmotoren aus ihrem jahrelangen Schattendasein urplötzlich ins Rampenlicht der Verkaufsausstellungen bundesdeutscher Neuwagenhändler. Während die große Stunde der Autos mit dem Kennzeichen »D« am Heck bislang immer nur dann schlug, wenn die Benzinpreise nach oben schnellten und somit der Ruf nach sparsameren Personenwagen erklang, stellen sich die Autoverkäufer jetzt auf eine längere Karriere der Dieselmodelle ein.

Die Unsicherheit um die Zukunft des Katalysatorautos und die Probleme bei der europaweiten Versorgung mit bleifreiem Benzin bewirken jetzt den Auftrieb der Diesel. Seit Herbst 1984 verzeichnen immerhin alle namhaften Autohersteller mit Dieselwagen im Lieferprogramm einen bislang ungeahnten Dieselboom: Der Anteil der Selbstzünder an den Neuzulassungen eines Jahres kletterte im Jahre 1984 von bisher rund 10 auf nunmehr stattliche 14 Prozent. Und für das Jahr 1985 rechnen die Zulassungsstatistiker des Kraftfahrt-Bundesamtes (KBA) in Flensburg nochmals mit einem kräftigen Anstieg der Dieselverkaufszahlen.

So hat die monatelange Unsicherheit um die Einführung von Autos mit Abgaskatalysatoren einem Antriebskonzept zum Erfolg verholfen, über das viele Autokäufer oft nur mit Verachtung sprachen: Diesel galten als stinkig, laut und langsam. Selbst technische Verbesserungen, wie die Entwicklung kleinerer und leichterer Antriebsaggregate, eine gründlichere Geräuschisolation oder eine Reduzierung der Verbrauchswerte, verschaffen den Dieselautos auf dem deutschen Markt lediglich kurzlebige Beachtungserfolge.

◁ Diesel im Aufwind: Immer mehr Autofahrer folgen an Tankstellen diesem Hinweisschild

Die Entscheidung für ein D-Modell fällt den Autofahrern aber jetzt wesentlich leichter. Aus zwei Gründen:

Erstens tauchen beim Diesel Zweifel über die Zuverlässigkeit neuer Technologien zur Abgasreinigung ebensowenig auf wie Probleme bei der Kraftstoffversorgung. Anders als bleifreies Benzin ist Diesel nämlich überall in Europa erhältlich – Urlaubsfahrten geraten somit dank Diesel nicht zu einem Tankabenteuer.

Zweitens können Käufer von dieselgetriebenen Neuwagen mit einem weitgehend ruhigen Umweltgewissen durch die Lande fahren. Die D-Modelle sind vom Bundesinnenministerium und vom Umweltbundesamt als umweltfreundlichere Alternative zum Personenwagen mit Ottomotor anerkannt. Zur Belohnung erhalten Käufer von neuen Dieselautos deshalb auch ein dickes Steuerbonbon, dessen Einzelheiten auf den folgenden Seiten näher erläutert wird.

Der Dieselantrieb, den der Motorentechniker Rudolf Diesel bereits im 19. Jahrhundert entwickelte, kommt damit jetzt zu neuen Ehren. Ob damit allerdings auch dem Umweltschutz ein Dienst erwiesen wird, ist unter Fachleuten umstritten. So preisen manche Autohersteller ihre D-Modelle zwar als umweltfreundlichste Form des Autofahrens an, doch Mediziner bekommen angesichts solcher Werbeparolen Bauchschmerzen.

Fest steht: Der Auspuffqualm der rund zwei Millionen Diesel-Personenwagen auf Deutschlands Straßen enthält weniger gasförmige Giftstoffe als der einer gleichen Anzahl herkömmlicher Benzinautos. Das liegt vor allem an der unterschiedlichen Motorentechnik. Denn Dieselmotoren arbeiten nicht nur mit einem hohen Luftüberschuß, der für eine vollständigere Verbrennung des Kraftstoffs sorgt. Im Gegensatz zu benzingetriebenen Vergaserfahrzeugen verfeuern sie auch stets nur eine genau dosierte Treibstoffmenge, die mittels Einspritzpumpe in die Brennräume gelangt. Dadurch pustet der Dieselmotor eine weitaus geringere Menge unvollständig verbrannten Kraftstoff via Auspuff ins Freie. In der Praxis bedeutet das einen deutlich verminderten Kohlenmonoxidanteil im Abgas. Gleiches gilt auch für die Kohlenwasserstoffe: Gut eingestellte Dieselmotoren spucken nicht mehr Kohlenwasserstoffe aus als Benziner mit Katalysator. Etwas anders sieht die Sache allerdings in puncto Stickoxidemission aus. Bei voller Last, also bei hohen Drehzahlen und hoher Brennraumtemperatur, steigt der Stickoxidanteil im Dieselqualm. Der Luftüberschuß im Motor reagiert dann nämlich stärker mit Stickstoff.

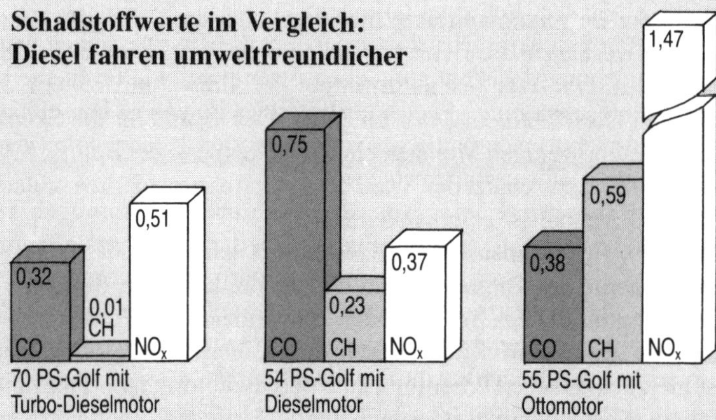

Abb. 3: Die Verbraucherzeitschrift DM *prüfte das Abgasverhalten von VW-Golf-Modellen mit drei verschiedenen Antriebssystemen. Die Meßwerte (Gramm pro Kilometer) kennzeichnen den Schadstoffausstoß der Autos bei einer Geschwindigkeit von 100 km/h. (Quelle:* DM *Ausgabe 2/85)*

Die neuen, europaeinheitlichen Abgas-Grenzwerte – für alle Dieselmodelle gelten die gleichen Vorschriften wie für Benziner mit 1,4 bis 2,0 Liter Hubraum – stellen für die Selbstzünder allerdings kein Hindernis dar. Wenn neue Dieselautos (Erstzulassung ab 1. Januar 1985) nicht mehr als 30 Gramm Kohlenmonoxid und 8 Gramm Kohlenwasserstoffe und Stickoxide je Europa-Test ausstoßen, gelten sie hierzulande als »schadstoffarm«.

Ein Prüfstandsvergleich der Verbraucherzeitschrift *DM* vom Februar 1985 beweist auf anschauliche Art und Weise den geringeren Schadstoffausstoß eines Selbstzünders: Noch bei 100 km/h Testgeschwindigkeit pustet ein 54 PS starker VW Golf mit Dieselmotor um bis zu 70 Prozent weniger Schadstoffe in die Umwelt als ein vergleichbares Modell mit Ottomotor.

Aufgrund dieser Tatsache winkt Käufern neuer Dieselmodelle jetzt auch ein recht attraktives Steuergeschenk:

Hält das Auto die EG-Schadstoffgrenzwerte, die auch für benzingetriebene Mittelklassewagen gelten, ein, so zahlt sein Besitzer für die Dauer von maximal drei Jahren und fünf Monaten keine Kraftfahrzeugsteuer. Die Steuerbefreiung richtet sich im einzelnen nach der Hubraumgröße des Motors und dem Tag der ersten Zulassung. Grundsätzlich fällt der Befreiungszeitraum für Diesel aber um die Hälfte kürzer aus als für vergleichbare Benzinmodelle (siehe Tabelle auf Seite 28).

Trotz des Prädikats »schadstoffarm« ist Umweltmedizinern der Trend zum Dieselauto ein Dorn im Auge. Den Grund für die Skepsis formulierte vor wenigen Monaten ein Umweltexperte der Bonner SPD: »Der Dieselwagen schützt den Wald besser und den Menschen schlechter. Beim Benziner ist es umgekehrt.«

Gefahren für die menschliche Gesundheit sehen die Fachleute bei einer Zunahme des Dieselverkehrs auf bundesdeutschen Straßen vor allem aufgrund der bei Selbstzündern unvermeidbaren Rußemission. Immerhin: Rund fünf Kilo des schwarzen Verbrennungsrückstands bläst hierzulande jede Dieselimousine durchschnittlich pro Jahr in die Luft und belastet damit die Gesundheit von Passanten, Radfahrern und anderen Automobilisten. Der Grund: Die mikroskopisch kleinen Rußpartikel gelten als sogenannte Trägersubstanzen für »polyzyklische, aromatische Kohlenwasserstoffe«. Sie stehen im dringenden Verdacht, Krebserkrankungen auszulösen.

Die Amerikaner waren die ersten, denen der Dieselmief unangenehm in die Nase stieg. Wegen möglicher Gesundheitsgefahren und wegen der Geruchsbelästigung durch Dieselautos zog die US-Umweltbehörde EPA schon vor Jahren gegen die Selbstzünder zu Felde. Erstmals legten die Amerikaner einen verbindlichen Rußgrenzwert von exakt 0,6 Gramm pro Meile fest und machten damit allzu stark qualmenden D-Autos das Überleben schwer. Ab 1987 soll der zulässige Maximalwert für Ruß noch einmal gesenkt werden – auf nur noch 0,2 Gramm pro Meile.

In Europa sieht man wegen der Rußbelastung freilich noch nicht so schwarz. Gesetze zur Verminderung des gefährlichen Dieselrauchs gibt es bislang nicht. Ab 1986 soll sich diese Situation möglicherweise ändern: Die EG-Kommission in Brüssel will bis dahin europäische Rußgrenzwerte vorlegen.

Den Herstellern kleiner Dieselautos würde diese neue Abgashürde zweifellos keine Sorgen bereiten. So verkündete beispielsweise das Volkswagenwerk schon vor Monaten, daß die ab Januar 1985 gebauten Golf- und Jetta-Modelle mit Dieselaggregat nicht nur die verschärften Schadstoffgrenzwerte einhalten, sondern im Rußausstoß auch unter der geplanten US-Norm liegen. Für ältere Dieselfahrzeuge bietet der VW-Konzern überdies ein Nachrüstpaket zum Preis von rund 430 Mark an,

Das Rußfilter macht die Diesel umweltfreundlich

Abb. 4: Das Rußfilter im Auspuff der Dieselautos besteht aus diesem keramischen Monolithen, der bis zu 90 Prozent der Rußpartikel zurückhält. Damit das Filter nicht verstopft, müssen die Rußteilchen von Zeit zu Zeit durch eine Erhöhung der Abgastemperatur abgebrannt werden. (Quelle: Degussa AG)

mit dessen Hilfe Golf- und Jetta-Modelle die Rußvorschrift erfüllen. Auch die Kölner Autofirma Ford kann in puncto Ruß auf ihren 1,6-Liter-Dieselmotor im Modell Escort und Fiesta stolz sein: Dem Triebwerk bereitet das geplante Rußgesetz ebenfalls keine Schwierigkeiten.

Gleiches gilt beispielsweise freilich auch für die Selbstzündermodelle Peugeot 205, Citroen Visa und Mercedes 190.

Für Käufer großvolumiger und schwerer Dieselkarossen könnte die geplante Rußnorm allerdings eine Zusatzinvestition bedeuten. Zur Erfüllung des Grenzwerts ist nämlich der Einbau eines speziellen Filters in das Auspuffsystem unumgänglich, das den Wagen voraussichtlich um bis zu 1500 Mark verteuern dürfte.

Das Rußfilter, dessen Äußeres einem Katalysator ähnelt, besteht aus einem metallbeschichteten Keramikkörper.

Der Auspuffqualm wandert hier durch eine Vielzahl winzig kleiner Kanäle und wird durch die Keramikwände gepreßt. Dabei lagert sich der Ruß ab und verglüht bei einer Abgastemperatur von rund 400 Grad Celsius automatisch zu ungiftigem Kohlendioxid. Einziger Nachteil

Umwelttips: Was Besitzer von Dieselautos beachten sollten

- Durch regelmäßige Wartung und Einstellung des Motors läßt sich auch beim Diesel der Schadstoffausstoß, besonders die Rußemission, verringern. Lassen Sie in einer Fachwerkstatt (Bosch-Dienst) die Einspritzdüsen auf den vom Hersteller vorgeschriebenen Öffnungsdruck überprüfen und gegebenenfalls einstellen. Die Dieseleinspritzpumpe sollte regelmäßig auf die richtige Einstellung der Fördermenge und des Einspritzzeitpunkts kontrolliert werden. Hier können durch mechanischen Verschleiß der Antriebsriemen schnell Toleranzen auftreten.
- Unnötig hohen Schadstoffausstoß verhindern Dieselpiloten auch, wenn Sie die Ventile regelmäßig einstellen lassen und den Einsatz des Luftfilters mindestens einmal pro Jahr erneuern.
- Der Kauf eines Dieselmodells lohnt sich vor allem dann, wenn vorwiegend Kurzstrecken gefahren werden. Bei schneller Autobahnfahrt verbraucht ein Dieselmotor ungleich mehr Treibstoff und arbeitet demzufolge auch wesentlich umweltschädlicher. Im Stadtverkehr fühlt sich der Diesel am wohlsten.
- Diesel-Neuwagen, die serienmäßig eine Abgas-Rückführungsanlage besitzen, pusten besonders geringe Stickoxidmengen in die Luft. Informieren Sie sich vor dem Kauf über umweltschonende Motortechnologien auserwählter Diesel-Typen.
- Zahlreiche Dieselmodelle lassen sich auch nachträglich abgasentgiften. Das Volkswagenwerk bietet beispielsweise für D-Modelle der Baureihen Golf und Jetta spezielle Nachrüstpakete zur Verminderung der Rußemission an. Auch andere Autohersteller wollen diesem Beispiel folgen – fragen Sie Ihren Fachhändler!
- Die gesundheitsgefährliche Rußemission eines Diesels läßt sich verringern, wenn Sie bei längeren Ampelstops im Stadtverkehr den Motor vorübergehend ausschalten und erst bei Grün wieder starten.

des »Dieselkatalysators«: Die Abbrenntemperatur von wenigstens 400 Grad wird im Kurzstreckenverkehr oftmals nicht erreicht, so daß die Gefahr der »Verstopfung« des Filters besteht. Techniker der Firma Daimler Benz, die Rußfilter bereits seit Monaten serienmäßig in Fahrzeuge für den kalifornischen Markt einbauen, arbeiten jedoch an einer Verbesserung des Rußfängers. Mittels elektronischer Kunstgriffe an der Motorsteuerung sollen die Rußpartikel auch im Stadt- und Kurzstreckenverkehr regelmäßig abgebrannt werden können.

Zwei andere systembedingte Unarten wird man den Rußfilter aber wohl kaum abgewöhnen können: die Abgasreinigung im Dieselauspuff vermindert die Motorleistung und erhöht den Verbrauch nach Daimler-Benz-Angaben um 8 bis 25 Prozent.

Mit dem für 1986 geplanten Anti-Ruß-Gesetz kommt auf die Besitzer von Dieselpersonenwagen möglicherweise noch eine zusätzliche Belastung zu: ein regelmäßiger, alljährlicher Abgastest beim Technischen Überwachungsverein oder in einer Fachwerkstatt. Bei dieser drohenden Abgasuntersuchung für Diesel wird es in erster Linie um die Kontrolle des Rußanteils im Dieselqualm gehen. Spezielle Prüfgeräte, die erst seit kurzer Zeit serienreif sind, machen mit Hilfe einer sogenannten Rauchmessung auch die Bestimmung des Rußanteils im Leerlaufabgas möglich. Für Umweltfachleute steht der Erfolg einer Dieselkontrollaktion freilich schon heute fest: Heimliche Dieselstinker, von denen es Tausende auf unseren Straßen gibt, werden auf diese Weise schnell und problemlos aus dem Verkehr gezogen. Was sich der Gesetzgeber von einer jährlichen Abgasuntersuchung für ältere Benzinautos verspricht, soll das folgende Kapitel erläutern.

Ab 1. April 1985 sind wir blitzschnell für
Wir brauchen nur Minu
um Ihnen für 12 Monat
ein beruhigendes Gef
zu geben.
86
Abgas-Sonderu
Für mehr saubere

4. Die Alten müssen ran

Ein jährlicher Abgastest soll Umweltsünder entlarven

Maßnahmen zur Verminderung der Giftbestandteile in den Autoabgasen sind nicht nur ein technisches Problem. Es ist auch eine Frage der Zeit, bis alle Autos schadstoffarm oder aber schadstoffmindernd betrieben werden und somit insgesamt zu einer deutlichen Verbesserung der Luftqualität beitragen.

Pro Jahr werden in der Bundesrepublik rund 2,4 Millionen Autos neu zugelassen, aber nur ein Bruchteil davon gilt im Sinne der EG-Abgasnormen als »schadstoffarm«. Fazit: Es wird noch lange dauern, bis entgiftete Autos einen nennenswerten Anteil am gesamten Fahrzeugbestand erreicht haben. Und auch von der Um- oder Nachrüstung älterer Fahrzeuge mit Katalysatoren oder anderen Reinigungstechniken ist nur langsam eine Verbesserung der Luft- und Umweltqualität zu erwarten. Besitzer herkömmlicher Autos können nämlich nicht gezwungen werden, an ihren fahrbaren Untersätzen technische Eingriffe zur Giftminderung vorzunehmen. Steuervorteile, die nach dem Grad der Abgasreinigung und Motorbauart unterschiedlich hoch ausfallen und unterschiedlich lange gewährt werden, sollen die Entscheidung der Autobesitzer lediglich beschleunigen (siehe auch Seite 28).

Alles in allem: Gesetzliche Bestimmungen zur Abgasentgiftung von Neufahrzeugen oder zur Umrüstung von Altautos werden sich erst gegen Ende der neunziger Jahre spürbar auswirken. Nach Schätzung des TÜV Rheinland in Köln wird noch im Jahre 1995 ein Drittel aller automobilen Luftverschmutzung den Auspuffrohren von Altautos entströmen.

Eingedenk dieser Tatsache hat das Bonner Bundesverkehrsministerium im Herbst 1984 beschlossen, die Altwagenabgase durch eine

◁ Abgas-Sonderuntersuchung: Reklame für die neue Auto-Kontrolle

neuartige Überprüfungsvorschrift unter Kontrolle zu bringen. »Abgas-Sonderuntersuchung«, kurz ASU, heißt diese neue Zauberformel der Politiker, die hierzulande seit 1. April 1985 gesetzlich vorgeschrieben ist. Da mehr als die Hälfte aller zugelassenen Personenwagen die Atemluft aufgrund schlecht eingestellter Motoren mehr als nötig verpestet, erwartet die Bundesregierung von dem neuen Abgastest spürbare Auswirkungen für den Umweltschutz. Immerhin: Jedes zweite Fahrzeug auf unseren Straßen erwischten TÜV-Ingenieure im Jahre 1984 mit falsch eingestellter Zündung oder Gemischaufbereitung. Erhöhte Leerlauf-Drehzahl, zu fett eingestelltes Vergasergemisch, fehlerhafter Schließwinkel und falscher Zündzeitpunkt heißen die Umweltsünden der Altauto-Besitzer, die zu erhöhten Schadstoffwerten im Abgas führen. Normalerweise werden die falschen Einstellwerte zwar bei einer Autoinspektion ins rechte Lot gebracht, doch die Hälfte aller Altwagen kommt erst gar nicht regelmäßig zur Wartung in die Werkstätten. Auch die bisher beim TÜV alle zwei Jahre durchgeführte Kontrolle des Kohlenmonoxid(CO)-Anteils im Abgas erwies sich nicht als umweltfreundlicher Trost. Der zulässige Höchstwert von 5,5 Volumen-Prozent CO im Leerlaufabgas reichte zwar zur Erteilung der begehrten Prüfplakette, war aber schon längst nicht mehr zeitgemäß.

Die grob-einheitliche CO-Obergrenze gilt nun nicht mehr. Laut TÜV Rheinland liegt die oberste Abgas-Meßlatte jetzt bei maximal 4,5 Volumenprozent. Sofern vorhanden gelten allerdings die Daten des Herstellerwerts, die mitunter noch weit unter der Höchstmarke liegen. Das gilt auch für die zusätzlichen Prüfpunkte beim ASU-Test: Leerlauf-Drehzahl, Schließwinkel und Zündzeitpunkt müssen den Werksvorschriften genügen und werden deshalb entsprechend genau überprüft. Erst wenn keine Herstellerangaben vorliegen, gilt der sogenannte Stand der Technik. Demnach muß der Motor so eingestellt sein, daß er ohne Beeinträchtigung der Laufeigenschaften die geringstmögliche Schadstoffmenge aus dem Auspuff bläst. Die neue und verschärfte Kontrolle ist jeweils in dem Monat fällig, in dem auch die Fahrzeug-Hauptuntersuchung gemäß Paragraph 29 der Straßenverkehrs-Zulassungsordnung (TÜV-Untersuchung) durchgeführt werden muß. Wer beispielsweise sein Auto im Monat September zur üblichen Sicherheitsüberprüfung vorfahren muß, ist verpflichtet, im gleichen Monat auch die Abgas-Sonderuntersuchung durchführen zu lassen – allerdings nicht nur alle zwei Jahre, sondern auch in den dazwischenliegenden Jahren, in denen keine Hauptuntersuchung fällig ist. Neufahrzeuge, die erstmals im

Die ASU-Plakette kennzeichnet umweltfreundlich eingestellte Autos

Abb. 5: Nach dem jährlichen Abgastest erhalten richtig eingestellte Autos diese sechseckige Prüfplakette. Sie klebt am vorderen Nummernschild und zeigt mittels Ziffernkranz, in welchem Monat die nächste ASU-Kontrolle erfolgen muß. Wer den fälligen Termin überzieht, riskiert ein Verwarnungsgeld.

Januar 1985 auf die Straßen rollten, sind spätestens nach 13 Monaten reif für die ASU-Kontrolle.

Für die gesetzlich vorgeschriebene Abgas- und Zündprüfung können Autofahrer entweder eine Fach- oder Vertragswerkstatt, einen amtlich anerkannten Sachverständigen oder eine amtlich anerkannte Überwachungsorganisation wie den TÜV oder den DEKRA ansteuern. Von allen wird die Überprüfung mit einer sechseckigen, farblich nach Fälligkeitsjahr gekennzeichneten Plakette bescheinigt. Sie klebt fortan auf dem vorderen Nummernschild aller ASU-geprüften Fahrzeuge.

Sinnvoll, weil zeit- und geldsparend ist die Sonderkontrolle in den Werkstätten. Zum einen sind die Wartungsintervalle der meisten Autos so ausgelegt, daß mindestens einmal pro Jahr ein Prüf- oder Pflegedienst durchgeführt werden muß. Daher bietet sich an, die anstehende Inspektion in den Monat zu legen, in dem auch die Abgas-Sonderuntersuchung fällig ist. Zum anderen werden bei Wartungsarbeiten genau die Werte nach Werkvorschrift geprüft und eingestellt, die auch von der gesetzlichen ASU-Kontrolle erfaßt sind. Somit fallen bei Korrekturen, die in 75 Prozent aller Fälle erforderlich sind, keine zusätzlichen Kosten an. Die sind nämlich schon im Inspektionspreis enthalten.

Umwelttips: Was Besitzer von Altautos beachten sollten

- Ein übermäßig hoher Kohlenmonoxid- und Kohlenwasserstoff-Ausstoß läßt sich vermeiden, wenn Sie den Choke Ihres Wagens spätestens drei Minuten nach dem Kaltstart (bei Null Grad Außentemperatur) zurückschieben.
- Umweltbewußte Altauto-Fahrer wechseln die Zündkerzen ihres fahrbaren Untersatzes spätestens alle 15000 Kilometer aus und erneuern den Luftfiltereinsatz mindestens einmal pro Jahr. Verschmutzte oder abgenutzte Zündkerzen erhöhen den Schadstoffausstoß des Motors.
- Zuviel giftige Abgase produziert der Motor auch, wenn Zündung und Vergaser nicht richtig eingestellt sind. Fachwerkstätten überprüfen und korrigieren die Motoreinstellung meist sehr preisgünstig und wechseln bei Bedarf auch die Unterbrecherkontakte aus.
- Wer seiner Umwelt und seinem Geldbeutel auf Dauer etwas Gutes tun will, rüstet sein Auto mit einer kontaktlosen Transistor-Zündanlage (300 Mark) aus. Sie garantiert über mindestens 40000 Kilometer Fahrtstrecke eine hundertprozentige Funktion der Zündanlage und vermindert auch den Spritkonsum.
- Umweltschonend wirkt sich auch der Einbau einer Schubabschaltung (250 Mark) aus. Nimmt der Fahrer den Fuß vom Gaspedal, unterbricht diese Anlage die Kraftstoffzufuhr zum Motor. Die Folge: Bis zu 20 Prozent Spriteinsparung und geringerer Abgasausstoß.
- Wer viel im Stadtverkehr unterwegs ist, sollte die umweltschonenden Vorteile einer Start-Stop-Anlage (200 Mark) nutzen. Bei Ampelstops läßt sich damit der Motor per Knopfdruck abschalten und wieder starten.

Demgegenüber schlägt die Abgas-Sonderuntersuchung bei den Überwachungsorganisationen und Sachverständigen immerhin mit rund 27 Mark zu Buche. Und das nur für die Kontrolle. Sind die gemessenen Werte fehlerhaft, müssen die Autobesitzer anschließend doch eine Fachwerkstatt aufsuchen.

Für die Besitzer von Katalysatorautos oder aus anderen Gründen als schadstoffarm anerkannten Wagen gibt es bezüglich ASU keine Extrawurst. Lediglich Personenwagen mit Dieselmotor sind von der alljährlichen Kontrollpflicht befreit. Fachleute versprechen sich von der neuen Altwagen-Überwachung eine spürbare Verbesserung der Luftqualität. Nach Modellrechnungen des Bundesverkehrsministers vermindert die tatsächliche Einhaltung der wichtigen Sollwerte aller

Fahrzeuge die Giftbelastung wie folgt: Die Kohlenmonoxidbelastung geht um 20 Prozent zurück, der Kohlenwasserstoffausstoß um zehn Prozent, der Benzinverbrauch – als positives Randergebnis – um durchschnittlich fünf Prozent.

Auf das dritte bedeutsame Umweltgift aus dem Autoauspuff, das Stickoxid, hat die ASU-Kontrolle aber keine Auswirkung. Der Stickoxidanteil im Abgas läßt sich kaum durch Motoreinstellung verringern, er hängt vielmehr weitgehend von der Motorbauart ab. Führende Ingenieure der Automobilindustrie befürchten allerdings eine Zunahme der Stickoxide durch die Sonderuntersuchung. Sie behaupten, daß jedes Zündsystem dazu neige, sich im Zündzeitpunkt »nach hinten« zu verstellen. Um die ASU-Plakette zu bekommen, müsse der Zündzeitpunkt allerdings »nach vorne« verstellt werden, wodurch der Verbrennungsablauf aber mehr Stickoxide freisetze.

Nach Meinung des Bundesverkehrsministers läßt sich aber dennoch auf Umwegen den Stickoxiden beikommen, denn zwischen allen Schadstoffgruppen bestehe eine Wechselwirkung. Die Stickoxide bilden nämlich gemeinsam mit den Kohlenwasserstoffen Gifte (Photooxidantien), die für die Waldschäden verantwortlich sind. Wenn aber die Kohlenwasserstoffe in den Abgasen per ASU verringert werden, vermindern sich folglich auch die schädlichen Stoffe, die sie gemeinsam durch Reaktion mit den Stickoxiden am Himmel bilden.

Wie Gebrauchtwagenbesitzer ihr Auto wirkungsvoll abgasentgiften können und mit welchen Steuervorteilen nach der Umrüstung zu rechnen ist, erklärt das folgende Kapitel.

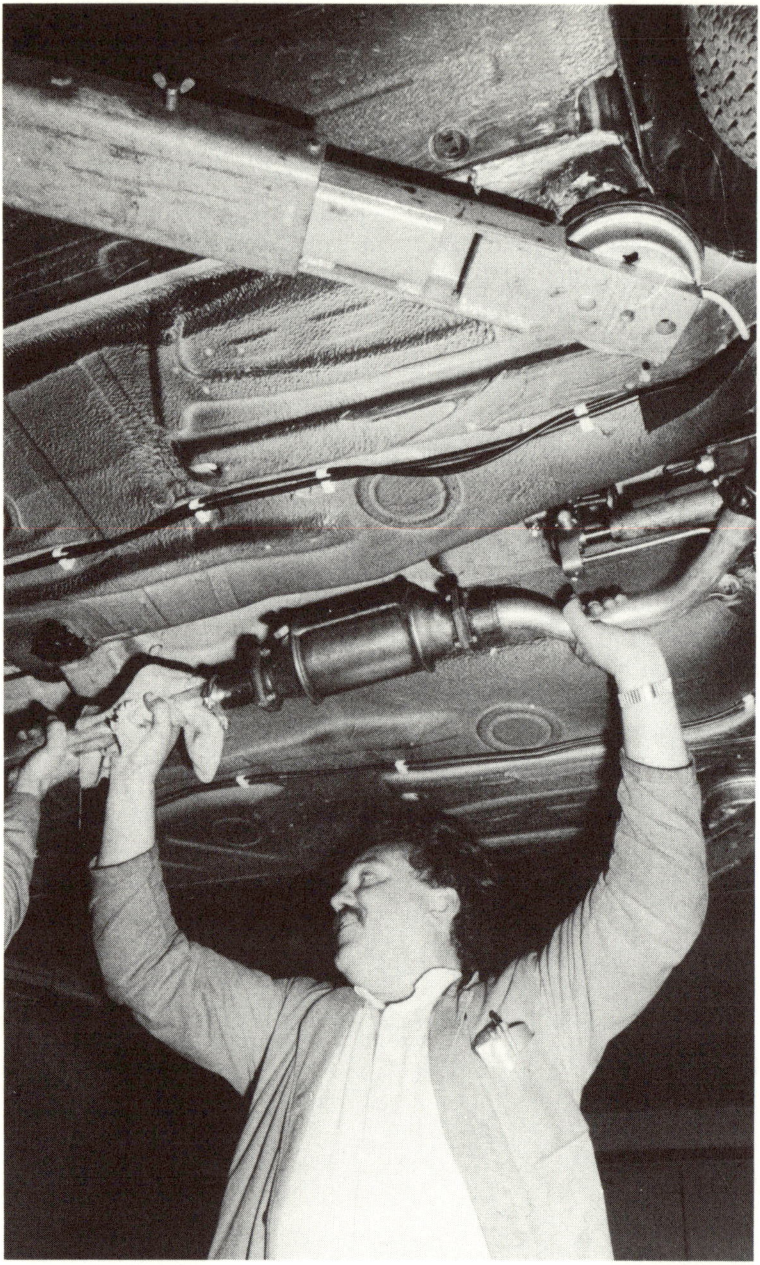

5. Soforthilfe für die Alten

Schadstoffminderung für Gebrauchtwagen

Die Masse macht's. Nach diesem Motto wäre der Erfolg im Kampf um bessere Luft dann am größten, wenn ausnahmslos alle Autos ab sofort so wenig Abgasgifte wie technisch überhaupt möglich ausstießen. Zwar ist dieser umweltschonende Kraftakt schon aus rein politischen Gründen nicht durchführbar, dennoch läßt sich von dieser rechnerischen Ideallösung mehr verwirklichen als bisher. Soweit die Bestandteile im Autoabgas für die Umwelt als gefährlich oder schädlich erkannt sind, muß deren Gesamtmenge soweit wie möglich verringert werden, um eine schnelle und spürbare Entlastung zu erreichen. Dazu wiederum ist die freiwillige Nachrüstung von Altfahrzeugen mit giftsenkenden Zusatzgeräten der wichtigste Beitrag.

Der größte Giftanteil entströmt den Auspuffrohren der Autos, die bereits vor Einführung der geregelten Katalysatortechnik in Neufahrzeugen zugelassen wurden, also den sogenannten Altfahrzeugen. Die sind allerdings keineswegs so alt, wie die Bezeichnung vorspiegelt. Darunter fallen nämlich auch flammneue herkömmliche Benzinkutschen, die gestern noch im Schaufenster eines Händlers standen. Die freiwillige Nachrüstung ist deshalb so bedeutsam, weil keine andere Maßnahme kurz- und mittelfristig auch nur annähernd die gleiche Größenordnung in der Schadstoffminderung ermöglicht. Die Abgas-Sonderuntersuchung kann nur einen Bruchteil des denkbaren Gesamterfolges bringen, weil hierbei lediglich die im Baujahr eines Fahrzeugs gültigen Herstellerangaben für die Einstellwerte des Motors zugrunde gelegt werden. Neue Techniken und Methoden, die nachträglich entwickelt wurden, bleiben dabei völlig unberücksichtigt, obwohl gerade

◁ Katalysator-Nachrüstung: 50 Prozent weniger Abgas-Schadstoffe für Gebrauchtwagen

sie die höheren Minderungsraten bewirken. Die Auswirkung der geregelten Katalysatoren in Neufahrzeugen schlägt sich frühestens an der Schwelle zum nächsten Jahrtausend nieder, weil derartige Personenwagen einen zu geringen Anteil am gesamten Fahrzeugbestand haben werden.

Nachrüstung oder Umrüstung von Altfahrzeugen ist also der technisch wirkungsvollste Weg zur Minderung der Luftbelastung aus Automotoren. Sie könnte hierzulande einen ähnlichen Fehlschlag wie in den Vereinigten Staaten vorbeugen, wo zehn Jahre nach Einführung der Katalysatorpflicht in Neuwagen schätzungsweise immer noch mehr als ein Drittel aller Autos mit ungehemmten Giftausstoß durch die Lande fährt. In der Bundesrepublik könnten die Verhältniszahlen besser aussehen, denn hier ist die Nachrüstung mit giftsenkenden Zusatzgeräten in schätzungsweise vier Fünftel aller Altfahrzeuge wirtschaftlich sinnvoll oder technisch möglich. Lediglich fünf Millionen von insgesamt 25 Millionen Personenwagen eignen sich nicht mehr für den Eingriff an Motor und Auspuff.

Jedes der technisch unterschiedlichen Nachrüstkonzepte ist und bleibt ein Notbehelf, der längst nicht alle Möglichkeiten ausschöpft und überdies wirtschaftliche Nachteile mit sich bringen kann. Notbehelf deshalb, weil selbst das wirkungsvollste Nachrüstsystem immer noch die Hälfte der Giftmenge eines herkömmlichen Autos durchläßt, während der geregelte Katalysator nur noch ein Zehntel der giftigen Verbrennungsrückstände ins Freie bläst. Aus dem Umkehrschluß wird deutlich, daß ein Nachrüstler eine fünffach höhere Giftmenge verströmt als ein gereinigter Neuwagen. Doch diese Überlegenheit bleibt völlig bedeutungslos, solange es nicht ausreichend viele von diesen technisch bestmöglichen Filterfahrzeugen gibt. Um die gleiche Umweltentlastung von 20 Millionen nachgerüsteten Altautos zu erreichen, müßten unter der gleichen Anzahl nicht umgestellter Benzinkutschen vier Millionen nagelneue Autos mit kompletter Katalysatortechnik fahren. Dabei dürfte dieser Bestand selbst nach hoffnungsvollen Schätzungen erst im nächsten Jahrzehnt erreicht sein, sofern der augenblickliche Trend anhält. Für das laufende Jahr 1985 lassen sich höchstens 40000 Neufahrzeuge mit geregelter Filteranlage veranschlagen. Nach welcher Hochrechnung oder Marktvorhersage auch immer: Vier Millionen Katalysatorwagen bleiben vorläufig eine Wunschvorstellung, die frühestens in Erfüllung geht, wenn alle heutigen Autos schon längst verschrottet sind. Die Nachrüstung ist dagegen nicht nur sofort durchführbar, sondern auch besser als ihr Ruf. Denn die versprochene Entgiftung in Prozenten gegenüber herkömmlichen Autos sind zugesicherte Mindestwerte, die im Alltag noch besser ausfallen können. Zumindest unter bestimmten Betriebsbedingungen, etwa bei Vollgasfahrt, bei verhältnismäßig fettem Verbrennungsgemisch oder bei starker Beschleunigung dürften mehr als die Hälfte der Schadstoffe ausgeschaltet werden.

Nachrüstmöglichkeiten beruhen auf technisch unterschiedlichen Systemen oder der Verbindung verschiedener Verfahren. Sie unterscheiden im Grad der Reinigungswirkung und in den Anschaffungskosten, wobei allerdings nicht jedes System für jedes Fahrzeug verwendbar ist. Nach Aufbau und Wirkungsweise lassen sich die Nachrüstungsmöglichkeiten in drei Gruppen unterteilen: ungeregelte Katalysatoren, Abgasrückführungssysteme und Zündverstellung.

Bei der nachträglichen Katalysatorbestückung wird der Giftfilter als Zwischenstück in die Auspuffanlage montiert, nach Möglichkeit anstelle des vorhandenen Vorschalldämpfers, der dann entfällt. Dieser Eingriff ist grundsätzlich bei allen Benzinkutschen möglich, auch bei solchen, die zukünftig als Neufahrzeug nicht mit Katalysatortechnik angeboten werden. Wichtigster Unterschied zur geregelten Entgiftung ist das Fehlen der Sauerstoffsonde. Das ist ein kleiner Meßfühler im Auspuffrohr zwischen Motor und Katalysator, über den der Sauerstoffanteil im Abgas möglichst gleichmäßig gehalten wird. Bei der Neuwagenentgiftung mit vollständiger Katalysatortechnik darf vor dem Durchfluß in den Filter weder zuviel noch zuwenig Sauerstoff im Motorabgas enthalten sein. Wenn das Gleichgewicht nach der einen oder anderen Seite umkippt, wird die Gemischaufbereitung nachgeregelt. Deshalb wird dieses System auch als geregelter Katalysator bezeichnet. Dieses für die Wirkung des Katalysators notwendige Idealverhältnis – nicht zuviel, nicht zuwenig Sauerstoff – nennen die Techniker »Lambda 1«, den Meßfühler, der das Sauerstoffgleichgewicht überwacht, Lambda-Sonde. Für eine schnelle und wirkungsvolle Regelung muß die Sonde allerdings mit einer elektronischen Gemischaufbereitung (Einspritzanlage), zumindest aber mit einem neu entwikkelten, elektronisch gesteuerten Vergaser kombiniert werden. Genau hier liegt die größte Hürde für die Nachrüstung, denn mit den erforderlichen Bauteilen und den entsprechenden Arbeitslöhnen verschlingt diese Lösung mehrere tausend Mark.

Der Solo-Katalysator ist allerdings auch ohne Regelung recht wirkungsvoll. So fand das Fachblatt *Auto Zeitung* in einem Einzelversuch heraus, daß (gemessen nach US CVS 75 in Gramm pro Kilometer) allein der Einbau eines ungeregelten Katalysators eine erhebliche Schadstoffverminderung bringt: Im Versuchsfahrzeug mit 75-PS-Vergasermotor sanken Kohlenmonoxid- und Kohlenwasserstoffanteile um jeweils die Hälfte, die Stickoxidanteile sogar um zwei Drittel, die damit noch unter den scharfen Grenzwerten für Neuwagen lagen. Kostenpunkt für den Umweltschoner aus Edelmetall: rund 1200 Mark einschließlich Arbeitslohn.

Für ein Drittel dieser Kosten bietet die Volkswagen AG schon einen ungeregelten Katalysator der zweiten Baugeneration an, den sogenannten »Mikro-Katalysator«. Der neuartige Kleinfilter ist kein großer Topf mehr, der irgendwo in der Auspuffanlage eingebaut werden muß, sondern eine große Patrone, die als Einsatz in das Abgasrohr eingeschoben werden kann. Die Wirkung des Mini-Filters steht derjenigen aus den großen Katalysatoren in nichts nach. So lang wie ein Bleistift und mit dem Durchmesser eines Fünfmarkstücks, halbiert der »Mikro-Katalysator« die Schadstoffwerte. Für die Montage, die grundsätzlich auch bei anderen Fabrikaten möglich ist, muß der vordere Teil der Auspuffanlage, das sogenannte Hosenrohr, innen völlig rostfrei sein oder rostfrei gemacht werden. Schon kleine Rostteilchen, die sich im Abgasstrom lösen, würden wie Meteoriten in den Katalysator einschlagen und ihn zerstören. Deshalb liefert die Volkswagen AG zum Preis von rund 430 Mark sicherheitshalber ein neues Hosenrohr aus Edelstahl mit, der rostfrei ist und bleibt. Der Mini-Katalysator eignet sich für Motoren bis etwa 1400 Kubikzentimeter Hubraum. Bei wesentlich größeren Maschinen ist auch er überfordert. Sein großer Nutzen liegt aber gerade darin, daß er genau die kleinvolumigen Fahrzeuge um die Hälfte entgiftet, für die eine geregelte Katalysatortechnik einen hohen Preisanteil am gesamten Kaufpreis bedeuten würde. Damit würden gerade die preiswerten Kleinwagen durch Sauerstoffsonde und elektronischer Gemischaufbereitung wesentlich teurer, im Durchschnitt etwa um 2000 Mark.

Voraussetzung für die Nachrüstung mit ungeregeltem Katalysator, einerlei ob im Groß- oder Kleinformat, ist freilich, daß der Motor mit bleifreiem Benzin betrieben werden kann. Ob dies im Einzelfall möglich ist, läßt sich den Betriebsunterlagen entnehmen oder der Tabelle auf Seite 130. Als grober Anhaltspunkt gilt das Modelljahr 1980, ab dem die meisten der gängigen Automodelle mit bleifreiem Benzin

Umleitung für die Abgase: So funktioniert die Abgasrückführung

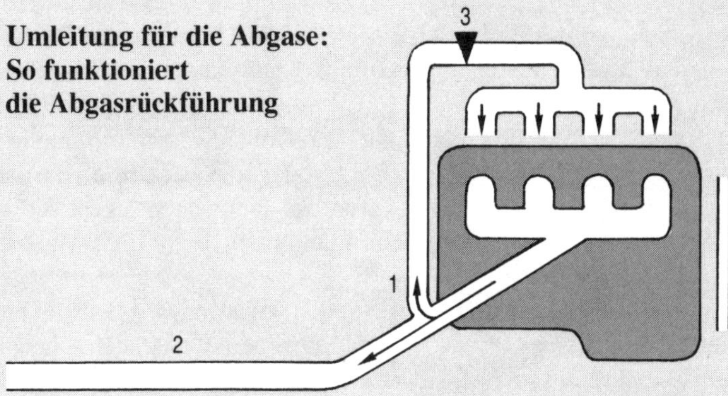

Abb. 6: Bei der Abgasrückführung (1) wird ein Teil der Abgase zwischen Motor und Auspuff (2) abgezweigt und zusammen mit frischem Verbrennungsgemisch wieder in die Brennräume umgeleitet. Weil diese Rückführung aber im wesentlichen nur bei Vollast sinnvoll ist, sperrt ein Regelventil (3) in den übrigen Betriebsbereichen, etwa im Leerlauf oder bei kaltem Motor, die Rückführung ab.

gefahren werden können. Falls dies nicht möglich ist, scheidet jegliche Nachrüstung mit ungeregeltem Katalysator aus.

Dann kommt eine andere Methode der nachträglichen Schadstoffentgiftung in Betracht: ein Abgasrückführungssystem. Das vereinfachte Prinzip: Ein Teil der Abgase wird hinter dem Motor umgeleitet und dem frischen Verbrennungsgemisch zugesetzt und somit wieder in die Verbrennungsräume geleitet. Jetzt enthält das Benzin-Luft-Gemisch weniger Sauerstoff, denn stattdessen wird der Raum von sauerstoffarmen Abgasen ausgefüllt. Für Frischluft ist schlicht und einfach kein Platz mehr übrig. Je weniger Sauerstoff für eine Verbrennung zur Verfügung steht, desto »kühler« läuft sie ab. Genau dieses Ziel soll mit der Abgasrückführung erreicht werden, denn eine »kühlere« Verbrennung setzt auch weniger Stickoxide frei.

Für Motorenbauer ist dieser Eingriff ein alter Hut, der vielen von ihnen gewaltig gegen den Strich geht. Die Abgasrückführung läuft allen Bemühungen zur Verbesserung des Wirkungsgrades eines Motors zuwider. Der Wirkungsgrad ist das Verhältnis der zugeführten Kraftstoffenergie und der daraus gewonnenen Motorleistung. Je mehr Leistung mit einer bestimmten Menge Kraftstoff erreicht wird oder anders-

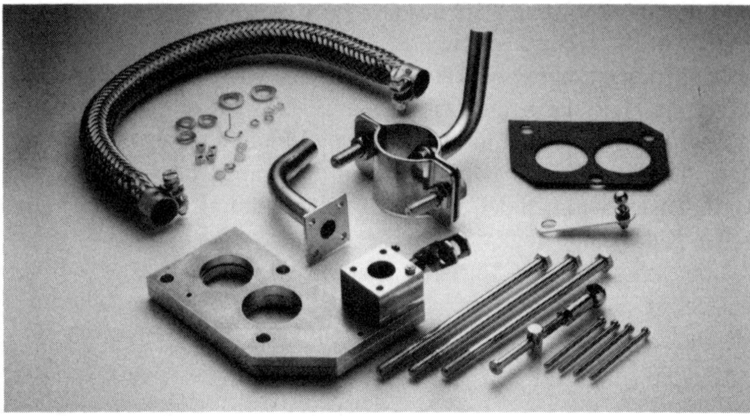

Rund 400 Mark teuer: Die Abgasrückführung

Abb. 7: Einfach und auch ohne Elektronik wirkungsvoll: Die Bauteile eines Abgasrückführungssystems bestehen im wesentlichen aus einem Schlauch, mehreren Schellen und diversen Schrauben. Diese Technik garantiert eine 30prozentige Abgasentgiftung.

herum, je weniger Kraftstoff für eine bestimmte Leistungsausbeute nötig ist, desto besser ist der Wirkungsgrad des Motors. Der wiederum ist unter anderem vom Sauerstoffanteil und der Verbrennungstemperatur abhängig. Zugunsten des besseren Abgasverhaltens wird der Motor absichtlich in seinem Wirkungsgrad verschlechtert, wodurch zwangsläufig der Benzinverbrauch steigt. Gleichwohl wird die Reinigungswirkung der Abgasrückführung nicht ernsthaft bestritten. Vor allem aber ermöglicht dieses System den Betrieb mit herkömmlichem, bleihaltigem Benzin, so daß auch echte Altfahrzeuge damit umgerüstet werden können. Die entsprechenden Kosten schwanken je nach Systemanbieter und Fahrzeugtyp zwischen 300 und 400 Mark.

Entscheidender Schwachpunkt der Abgasreinigung durch Rückführung ist allerdings der Umstand, daß ausschließlich die Stickoxide verringert werden, die übrigen Schadstoffe aber weiterhin unbehandelt ausströmen. Kritiker dieser Methode befürchten sogar einen Anstieg der Kohlenmonoxide und der Kohlenwasserstoffe. Zum Ausgleich dieses Nachteils läßt sich die Rückführung jedoch mit einem vereinfachten Zweiwege-Katalysator, dem sogenannten Oxidationskatalysator, kombinieren. Der erfaßt nur die Hauptschadstoffgruppen, die von der reinen Rückführung nicht beeinflußt werden können. Diese Möglichkeit ist noch selten, weil durch den nachgeschalteten Oxidationsfilter wieder bleifreier Kraftstoff getankt werden muß und die Kombinationswirkung insgesamt nicht besser ist als beim ungeregelten Katalysator. Einziger Vorteil ist der Anschaffungspreis, der mit rund 800 Mark genau zwischen der reinen Abgasrückführung und dem ungeregelten Katalysator liegt.

Aber schon mit der Abgasrückführung allein könnte eine spürbare Entlastung der Umwelt erreicht werden. Neuere Forschungen stufen die Stickoxide in ihrer Gefährlichkeit deutlich höher ein als bisher. Der Forschungsbeirat der Bundesregierung »Waldschäden/Luftverunreinigungen« stellt klipp und klar fest, daß Stickoxide nicht nur das für die Bäume schädliche Ozon bilden, zumindest auf chemischen Umwegen, sondern zudem auch die Nährstoffversorgung der Böden stören. Für Fachleute ist erwiesen, daß nicht nur der Saure Regen und die dafür maßgeblichen Schadstoffe die Bäume erkranken läßt, vielmehr »mit an Sicherheit grenzender Wahrscheinlichkeit« die Kombination mehrerer Schadstoffe und deren Umwandlungsprodukte, unter denen Stickoxide keine harmlose Rolle spielen.

In Autoabgasen lassen sich die unheilvollen Stickoxide auch anders entschärfen als durch Katalysatoren und Abgasrückführungssysteme. Dazu ist freilich wieder ein Eingriff in den Verbrennungsablauf des Motors nötig, der den von Ingenieuren mühsam erreichten Wirkungsgrad ebenfalls absichtlich verschlechtert. Ein Weg dahin ist die Zündverstellung. Der ideale Zündzeitpunkt für jeden Motor ist am Ende des jeweiligen Verdichtungshubes. Obwohl Zündung und anschließende Verbrennung unglaublich schnell ablaufen, braucht der Zündfunke bis zur gewünschten Wirkung eine gewisse Zeitspanne, eine Art Vorlaufzeit. Die wiederum wird mit steigender Motordrehzahl immer größer, so daß alle Zündungen in festgesetzten Grenzen auf Früh- oder Spätzündung eingestellt werden können. Der jeweils ideal angepaßte Zündzeitpunkt ermöglicht die beste Leistungsausbeute aus dem Verbrennungsablauf, der im Regelfall eine »heiße« Verbrennung ist.

Für die Umwelt ist diese motortechnisch voll ausgenutzte Verbrennung allerdings belastend, weil sie höhere Stickoxidanteile freisetzt als eine »kalte« Verbrennung als Folge einer verhältnismäßig späten Zündung. Mit einem elektronischen Regelbauteil nutzt die Bayerische Motorenwerke AG die Verstellmöglichkeit zwischen früh und spät zur

Abgasminderung. Ein kleiner Kasten namens »NO_x-Control«, kaum so groß wie eine Zigarettenschachtel, übernimmt eine Zündverstellung unter dem Gesichtspunkt der Umweltschonung. Im Teillastbereich, etwa Leerlauf oder Bummelverkehr, verschiebt die Regelelektronik den Zündzeitpunkt auf »spät«, verringert also indirekt die Stickoxide im Auspuff. Bei Vollast mischt sich »NO_x-Control« nicht mehr ein, läßt die Zündung auf Sollwert stehen, obwohl gerade dann, wenn der Motor besonders gefordert wird, auch vermehrt Stickoxide anfallen. Der Grund: Bei Spätzündung verliert der Motor an Leistung und erreicht weder in der Beschleunigung noch in der Endgeschwindigkeit die garantierten Herstellerwerte, auf die viele Käufer noch Wert legen. Das rund 300 Mark teure Regelteil ist andererseits einfach und schnell zwischen Zündspule und Motronic oder Zündtransistor einzubauen und erfordert keinen Betrieb mit bleifreiem Kraftstoff.

Je nach dem Grad der Entgiftung sind die bekannten Nachrüstmöglichkeiten unterschiedlich teuer in der Anschaffung. Faustregel: Je mehr Schadstoffe ausgefiltert werden, desto teurer ist das System. Gleichzeitig gibt es jedoch für die Abgasentgiftung von Altwagen durch Nachrüstung Vergünstigungen bei der Kraftfahrzeugsteuer. Faustregel hier: Je besser die Reinigungswirkung ausfällt, desto größer ist auch die Steuerentlastung. Wer gar nichts tut, zahlt künftig drauf. Für Personenwagen mit Otto-Motoren völlig ohne serienmäßige oder nachträgliche Entgiftungseinrichtung mit Erstzulassung bis zum 31. 12. 1985 sind ab dem 1. 1. 1986 pro 100 Kubikzentimenter Hubraum jährlich 18,80 Mark an Kraftfahrzeugsteuer fällig. Werden vergleichbare Autos ab dem 1. 1. 1986 erstmals zugelassen, sind sogar 21,60 Mark fällig.

Zwischen diesen sogenannten herkömmlichen Autos nach der augenblicklich gültigen Abgasnorm (ECE 15/04) und den schadstoffarmen Neufahrzeugen gibt es für Altwagenbesitzer vier steuerlich bedeutsame Prädikate:

Schadstoffarm: Diese Auszeichnung können sich auch umweltbewußte Altwagen-Besitzer ergattern. Das neue Kraftfahrzeugsteuer-Änderungsgesetz macht es möglich: Personenwagen, die dank eines nachträglich eingebauten Katalysators die neuen Abgasnormen der Europäischen Gemeinschaft (siehe Seite 25) erfüllen, können ebenso wie Neuwagen für maximal sechs Jahre und zehn Monate völlig von der Kraftfahrzeugsteuer befreit werden. Eignern eines älteren Personenwagens geben die Finanzämter damit einen finanziell lohnenden

Anreiz, das Auto auf Katalysatortechnik umzurüsten. Denn: Den Einbaukosten für das ungeregelte Abgasfilter von 1000 bis 1200 Mark steht eine Steuerersparnis von maximal 2200 Mark gegenüber. Wer beispielsweise ein Auto mit 1,8 Litern Hubraum mit Katalysator ausstattet, hat auf diese Weise die Anschaffungs- und Einbaukosten schon nach rund drei Jahren wieder eingespart. Maßgebend für die Steuerbefreiung ist das Zulassungs- und Anerkennungsdatum: Schadstoffarme Altwagen müssen vor dem 1. Oktober 1986 erstmals zugelassen sein; die Anerkennung als umweltfreundliches Fahrzeug muß bis spätestens 31. Dezember 1987 erfolgen.

Auf welche Weise Altwagenbesitzer das Prädikat »schadstoffarm« erhalten, ist von Fahrzeugtyp zu Fahrzeugtyp verschieden. Bei manchen Autos, deren Abgaswerte bereits im Normalzustand sehr niedrig ausfallen, kann eventuell schon der nachträgliche Einbau einer Abgasrückführungs-Anlage genügen. In diesem Fall wächst freilich der Gewinn, den umweltbewußte Autofahrer über den Steuerwegfall reinfahren können. Mit welcher Reinigungstechnik die einzelnen Fahrzeugtypen am besten ausgestattet werden, wollen die Automobilhersteller in den kommenden Wochen verraten. Am besten ist es, Sie erkundigen sich in Ihrer Fachwerkstatt nach den Umrüstmöglichkeiten.

Bedingt schadstoffarm nach Stufe A: Dieses Prädikat erhalten sogenannte Altwagen, wenn sie bestimmte Abgasgrenzwerte nicht überschreiten. Die Schadstoffgrenzen für die Anerkennung nach Stufe A sind in der »elften Verordnung zur Änderung der Straßenverkehrs-Zulassungsordnung« verankert. Demzufolge gilt ein Auto als »bedingt schadstoffarm – Stufe A«,

- das bei einem Leergewicht von weniger als 1250 Kilogramm nur insgesamt 12,75 Gramm Kohlenwasserstoffe und Stickoxide pro Europa-Test ausstößt. Der Stickoxidanteil darf hier aber nicht über sechs Gramm liegen,
- das bei einem Leergewicht von über 1250 Kilogramm nicht mehr als 15 Gramm Kohlenwasserstoffe und Stickoxide in die Umwelt pustet. Der Stickoxidanteil darf auch hier nicht über sechs Gramm liegen.

Diese Abgashürden schaffen Autobesitzer, wenn sie ihren fahrbaren Untersatz nachträglich mit einem ungeregelten Katalysator ausstatten. Nach Einbau des Filters stellen Werkstätten ein Zertifikat aus, das dem Autobesitzer zur Vorlage beim Straßenverkehrsamt dient. Dort muß nämlich die Art der Abgasreinigung in die Fahrzeugpapiere eingetragen werden. Gleichzeitig informiert die Zulassungsbehörde auch das

Finanzamt, denn Besitzer von Stufe-A-Autos können Steuern sparen: Für die gesamte restliche Laufzeit des Autos kassieren die Finanzbeamten einen auf 13,20 Mark je 100 Kubikzentimeter Hubraum ermäßigten Jahressteuersatz.

Bedingt schadstoffarm nach Stufe B: Autobesitzer, die dieses Prädikat erhalten wollen, müssen ihren Altwagen so umrüsten, daß er 30 Prozent weniger Stickoxide in die Umwelt pustet als im Serienzustand. Eine Abgasrückführung oder die von BMW angebotene NO_x-Control helfen, dieses Ziel zu erreichen. Als Lohn der Mühe winkt auch hier ein Steuervorteil: Stufe-B-Autos erhalten für die Dauer von drei Jahren den ermäßigten Steuersatz von 13,20 Mark je 100 Kubikzentimeter Hubraum. Danach steigt die jährliche Kraftfahrzeugsteuer auf 18,80 Mark je 100 Kubikzentimeter Hubraum.

Voraussetzung für die Anerkennung als Stufe-A- oder Stufe-B-Auto ist jedoch, daß der Wagen vor dem 1. Oktober 1986 erstmals zugelassen wird und daß die Anerkennung als »bedingt schadstoffarmes« Fahrzeug bis spätestens 31. Dezember 1987 erfolgt.

Bedingt schadstoffarm nach Stufe C: Unter diese Kategorie fallen automatisch alle Kleinwagen mit weniger als 1,4 Liter Hubraum, die den EG-Abgaskompromiß um 15 Prozent unterbieten. Im Klartext: Alte und neue Kleinwagen, die

- nicht mehr als 38,25 Gramm Kohlenmonoxid,
- 12,75 Gramm Kohlenwasserstoffe und Stickoxide und
- nicht mehr als sechs Gramm Stickoxide je Europa-Test

auspusten, fallen unter die Stufe C. Per Abgasrückführung sind diese Werte nach Technikermeinung leicht zu erreichen. Manche Kleinwagen sollen die Norm bereits im Serienzustand erfüllen.

Besitzer eines solchen »bedingt schadstoffarmen« Kleinmobils gewähren die Finanzämter einen attraktiven Steuerbonus: Alte und neue Kleinwagen der Stufe C sind für maximal dreieinhalb Jahre völlig von der Kraftfahrzeugsteuer befreit. Das entspricht einer Ersparnis von etwas über 750 Mark. Wie lange Kleinautos im einzelnen steuerbefreit sind, verrät die Tabelle auf Seite 30.

Von der Nach- oder Umrüstung der Altwagen versprechen sich die Umweltfachleute der Bundesregierung eine erhebliche Verbesserung der Luftqualität: Wenn acht Millionen Personenwagen nachträglich abgasentgiftet werden, soll sich die Stickoxidbelastung jährlich um über 140000 Tonnen verringern. Der Anteil gefährlicher Kohlenwasserstoffe soll um immerhin 30000 Tonnen pro Jahr zurückgehen.

Vorteile für Umweltautos:
Der Bonner Steuer-Fahrplan auf einen Blick

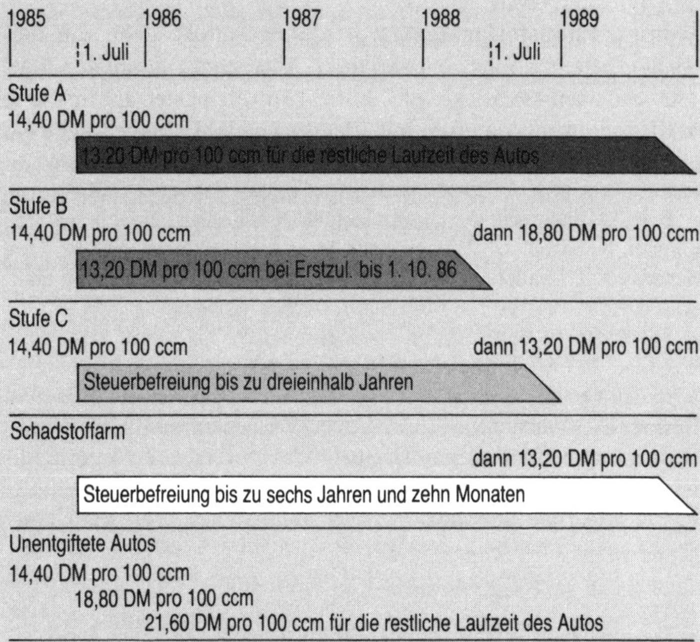

Abb. 8: So sehen Umfang und Fristen der Steuerregelung für abgasentgiftete Altwagen aus: Je höher die Schadstoffminderung ausfällt, desto größer ist auch der entsprechende Steuervorteil. Herkömmliche Autos ohne Abgasfilter belasten die Finanzämter ab 1986 mit einer erheblich höheren Kraftfahrzeugsteuer als umgerüstete Autos.

Besitzer »schadstoffarmer« oder »bedingt schadstoffarmer« Personenwagen müssen sich übrigens um die steuerliche Förderung keine Gedanken machen: Der Bundesverkehrsminister versprach im Sommer 1985 eine »schnelle und unbürokratische« Regelung. Im Klartext: Wer bereits heute ein nach EG-Normen abgasarmes Auto steuert, kommt automatisch in den Genuß der Steuerbefreiung oder des günstigeren Steuertarifs. Die Finanzämter verschicken dann einen sogenannten Kraftfahrzeugsteuer-Änderungsbescheid und gewähren die Steuervergünstigungen rückwirkend ab 1. Juli 1985.

Umwelttips: So werden Altwagen-Abgase sauberer

- Autos, deren Motoren bleifreien Sprit verkraften, können Sie nachträglich mit einem ungeregelten Katalysator bestücken. Die Schadstoffminderung beträgt mindestens 50 Prozent, die Kosten liegen zwischen 1200 und 1400 Mark.
- Kleinvolumige Autos von VW (Polo und einige Golf-Modelle) sind mit einem sogenannten Mikro-Katalysator nachrüstbar. Die Abgasentgiftung beträgt 50 Prozent, die Kosten liegen bei rund 430 Mark.
- Bei Altfahrzeugen, die nur mit bleihaltigem Benzin gefahren werden können, bietet sich der Einbau einer Abgasrückführungsanlage an. Die Schadstoffverminderung beträgt dann 30 Prozent, für Einbau und Anschaffung müssen Sie mit rund 400 Mark rechnen.
- Für BMW-Modelle gibt es die sogenannte NO_x-Control zum Preis von rund 300 Mark. Sie reduziert den Stickoxid-Ausstoß.
- In den Genuß der Steuervorteile nach Stufe A kommen Altwagen-Besitzer auch dann, wenn sie das Auto neben einer Abgasrückführungsanlage zusätzlich auch mit einem Oxidationskatalysator bestücken. Kostenpunkt: etwa 800 Mark.
- Wer sein Auto umweltfreundlicher machen will, sollte die Zulassungsfristen beachten: Fahrzeuge, die nach Stufe A oder B umgerüstet werden sollen, müssen vor dem 1. Oktober 1986 erstmals zugelassen sein.
- Für umgerüstete Altwagen hat die Bundesregierung eine Anerkennungsfrist eingeführt. Demnach muß das Auto bis spätestens 31. Dezember 1987 als »bedingt schadstoffarm« anerkannt sein. Nach Ablauf dieses Termins gewähren die Finanzämter keinen Steuervorteil mehr.

Die Abbildung 8 zeigt den Bonner Steuerfahrplan noch einmal auf einen Blick.

Inwieweit Autofahrer den Abgasausstoß ihrer fahrbaren Untersätze durch eine vernünftige Tempowahl beeinflussen können, soll das folgende Kapitel zeigen.

6. Tempostop, weil der Wald stirbt

Bei langsamerer Fahrt nimmt der Schadstoffausstoß ab

Schon der bloße Begriff Geschwindigkeitsbegrenzung ist zum Reizwort geworden. Für die Befürworter ist das Tempolimit der schnellste und damit wirkungsvollste Weg, das anhaltende Waldsterben aufzuhalten. Für die Gegner ist die staatlich verordnete Höchstgeschwindigkeit ein unzumutbarer Eingriff in die automobilistische Grundfreiheit. Doch im Eifer der oftmals gefühlsbeladenen Diskussionen geraten schlichte Tatsachen leicht in den Hintergrund. Tatsache aber ist, daß verschiedenartige Luftschadstoffe für das Waldsterben verantwortlich sind. Tatsache ist nach Feststellung des Umweltbundesamtes weiterhin, daß der überwiegende Teil der baumschädlichen Stickoxide und Kohlenwasserstoffe aus den Auspuffrohren der Autos kommt. Einigkeit besteht noch weitgehend darüber, daß baldige Abhilfe dringend geboten ist. Wie die allerdings aussehen soll, ist heftig umstritten.

Soweit Automotoren die Luftschadstoffe bilden, sind drei verschiedene Lösungsansätze denkbar: technische Maßnahme am Auto, schärfere Kontrolle der für die Verbrennung maßgeblichen Einstellwerte oder Änderung von Fahrverhalten und Betriebsweise. Letzteres bedeutet im Klartext ein Tempolimit. Doch die scheinbar freie Auswahl unter drei möglichen Maßnahmen besteht nur in der Theorie. Technische Änderungen am Fahrzeug, egal ob serienmäßige Schadstoffminderung oder über die verschiedenen Nachrüstangebote, können erst frühestens gegen Ende des nächsten Jahrzehnts eine Luftverbesserung bringen. Dann ist es für den Wald, die bisherige Zunahme des Baumsterbens zugrundegelegt, zu spät: Es wird ihn nicht mehr geben. Schärfere Kontrollen der Einstellwerte hingegen haben kaum Einfluß auf die Gifte, die dem Wald besonders hart zusetzen. Selbst die sorgfältigste Motoreinstellung hat nur sehr begrenzten Einfluß auf die Stickoxide. Die sind (ohne Katalysator) nur durch geänderte Motorbauart in den Griff zu bekommen.

Es führt kein Weg an der Erkenntnis vorbei: Der Schadstoffausstoß eines Autos hängt entscheidend davon ab, wie es gefahren wird, in welchem Betriebszustand der Motor arbeitet. Gegner einer freiwilligen oder erzwungenen Geschwindigkeitsbeschränkung mögen die Augen verschließen oder den Kopf in den Sand stecken, aber unter Technikern gilt die Faustregel: Mit der freigesetzten Motorleistung und der Fahrgeschwindigkeit steigt auch der Ausstoß von Stickoxiden. Diese Tatsache ist unter Fachleuten anerkannt herrschende Meinung. Auch der daraus folgende Umkehrschluß: Mit einer Verringerung der allgemeinen Fahrgeschwindigkeit sinkt auch das mengenmäßig anfallende Stickoxid. Daß gleichzeitig auch Kohlenwasserstoffe und Kohlenmonoxide im Abgas verringert werden, ist ebenso eine überaus wünschenswerte Randerscheinung wie ein geringerer Kraftstoffverbrauch. Insoweit ist die Sache klar. Die ganze Auseinandersetzung unter den verschiedenen Interessenvertretern dreht sich auch gar nicht um den grundsätzlich anerkannten Zusammenhang zwischen Geschwindigkeit und Stickoxidbildung. In den mehr oder weniger fachlich und sachlich ernsthaft geführten Diskussionen geht es vielmehr um die Frage, wie hoch die Verbesserung der Luftqualität infolge eines Tempolimits ausfallen wird und welche Meßverfahren oder Rechenmodelle zugrunde gelegt werden können. Letztlich geht es auch darum, ob der zweifellos tiefe Eingriff in die »freie Fahrt des freien Bürgers« in einem angemessenen Verhältnis zum Erfolg, also zur erreichbaren Schadstoffverminderung steht.

Kein Wunder also, daß die verschiedenen Interessenvertreter mit unterschiedlichen Argumenten und Berechnungsgrundlagen für oder gegen die automobilistische Freizügigkeit kämpfen. In den verschiedenen, teils erheblich voneinander abweichenden Studien über die Auswirkung von Geschwindigkeitsbeschränkungen auf die Schadstoffmengen aus Autoabgasen tauchen regelmäßig drei Grundbegriffe auf:

- Emissionsfaktoren. Das sind Maßeinheiten für die Schadstoffmenge pro Strecke, etwa Gramm pro Kilometer, Gramm pro Test, oder eine Verhältniszahl, die Schadstoffanteile pro Abgasmenge angibt. Die nötigen Meßergebnisse werden überwiegend auf Abgasprüfständen ermittelt, entweder bei gleichbleibenden Dauergeschwindigkeiten unterschiedlicher Höhe oder in sogenannten Fahrzyklen, die auch Beschleunigungs- und Bremsmanöver mit einschließen. Kritiker der bekannten Emissionsfaktoren bemängeln, daß wirklichkeitsnahe Fahrzyklen in höheren Geschwindigkeitsbereichen, wie sie etwa auf Autobahnen gefahren werden, gar nicht oder nicht ausreichend vorliegen, und daß die vorgelegten Ergebnisse nur auf wenigen, meist 20 oder 50 Versuchsfahrzeugen beruhen und damit nur Stichprobencharakter besitzen.

- Fahrleistungen. Statistiker verstehen darunter die gefahrenen Kilometer, die alle Autos zusammen erbringen.
- Fahrgeschwindigkeiten. Die Gesamtmenge aller Giftstoffe im Abgas ist nicht nur von der gefahrenen Geschwindigkeit abhängig, sondern auch davon, ob und welche Anteile der ermittelten Fahrleistung in bestimmten, typischen Geschwindigkeitsbereichen erbracht werden. Beispiel: Die Berechnungsgrundlage verschiebt sich gewaltig, wenn für die Laufleistung aller Autos eine ermittelte Durchschnittsgeschwindigkeit aus Orts-, Land- und Autobahntempo zugrunde gelegt wird oder wenn als ausschlaggebend angenommen wird, daß ein hoher Anteil der Fahrleistung von bestimmten Typklassen im Hochgeschwindigkeitsbereich zusammenkommt.

Aus der Verbindung der drei genannten Eckdaten läßt sich die augenblickliche und zukünftige Schadstoffmenge aus Automotoren in der Luft berechnen. Abweichungen haben den Stellenwert eines Streits unter Fachleuten, das Prinzip selbst ist allgemein anerkannt. Weil die veränderbaren Größen in Abhängigkeit voneinander stehen, ändert sich auch das Gesamtergebnis, sobald eine Voraussetzung unterschiedlich veranschlagt wird. Beispiel: Setzt eine Untersuchung die durchschnittliche Fahrgeschwindigkeit höher odere niedriger ein, dann steigt oder fällt bei gleicher Fahrleistung der Autos auch die vorausberechnete Summe aller in die Luft geblasenen Schadstoffe. Denn die wiederum sind unstreitig von der Fahrgeschwindigkeit abhängig. Für das Ergebnis ist der geringfügige Prinzipienstreit allerdings von gewaltiger Bedeutung. Ein paar Prozentpunkte mehr oder weniger Schadstoff sind keineswegs unerheblich oder nur im Fachchinesisch von Bedeutung. Schon geringfügige Abweichungen in den Modellrechnungen wirken sich als mehrere Tausend Tonnen Giftniederschlag aus.

Kein Wunder also, daß Fachleute aus verschiedenen Lagern und Lobbyvertreter mit unterschiedlicher Zielsetzung um die Ergebnisse feilschen und schachern wie auf einem orientalischen Markt. Manche Schadstoffprognose in Verbindung mit Tempolimit wird zum Glaubensbekenntnis und zur Weltanschauung. Wichtiges Unterscheidungsmerkmal dabei ist neben den erwähnten drei Grundbegriffen die mehr oder weniger wirklichkeitsnahe Art des Meßverfahrens selbst. Zum einen gibt es die Möglichkeit, die Emissionsfaktoren durch gleichförmige Fahrweise auf dem Prüfstand zu ermitteln. Das sind sogenannte Konstantfahrten mit zwar unterschiedlich hohen, in der erreichten Höhe aber immer gleichbleibenden Geschwindigkeit. Zum anderen gibt es die Möglichkeit, die sogenannte Fahrdynamik mit einzubeziehen. Dabei werden von der Bummelfahrt bis zur Vollgasraserei auch Zwischenspurts und Bremsmanöver mit berücksichtigt. Schadstoffmengen bei Konstantfahrten sind verhältnismäßig leicht und zugleich genau zu ermitteln, während die Werte unter Einbezug der Fahrdynamik erheblich schwieriger feststellbar oder berechenbar sind. Die Unterschiede im Ergebnis der beiden Verfahren sind nicht unbedeutend. Belege dafür kennt jeder Autofahrer aus eigener Anschauung. Der DIN-Verbrauch eines Personenwagens, der in Prospekten oder Datenblättern angegeben ist, liegt regelmäßig unter dem tatsächlichen Kraftstoffbedarf des Autos. Grund: DIN-Werte werden unter ganz genau festgelegten Voraussetzungen und Bedingungen aufgestellt. Lufttemperatur, Motortemperatur oder atmosphärischer Druck der Umgebungsluft sind ebenso peinlich genau festgelegt wie die Straßenbeschaffenheit. Vor allem wird der Normverbrauch mit gleichmäßiger Dauergeschwindigkeit herausgefahren. Im alltäglichen Verkehrsgeschehen sind solche Bedingungen nicht gegeben. Sie können es auch nicht, weil es vereinbarte Idealbedingungen sind. In Wirklichkeit sind Fahrweisen mit Zwischenstopps, Anfahren und Abbremsen an der Tagesordnung. Aber genau diese Einflüsse erhöhen den Schadstoffausstoß gegenüber der reinen Konstantfahrt. Für Techniker ist es demzufolge auch eine klare Sache, daß wechselnde Last- und Betriebszustände eines Motors eine höhere Giftausscheidung zur Folge haben. Dafür gibt es eindeutige Beweise. Daraus folgt aber auch zwingend: Wenn mit steigender Motorleistung und Fahrgeschwindigkeit die Schadstoffe schon bei Konstantfahrten nachweislich ansteigen, dann ist die Steigerungsrate bei Berücksichtigung der Fahrdynamik in Wirklichkeit noch höher.

Nach dieser Begriffsklärung (Emissionsfaktor, Fahrleistung, Fahrgeschwindigkeit sowie Fahrkonstanz/Fahrdynamik) lassen sich die Fußangeln in den unterschiedlichen Gutachten leichter ausmachen.

Die größtmögliche Verringerung der Stickoxidbelastung unserer Luft durch Höchsttempo 100 auf Autobahnen und 80 auf Landstraßen sagen die Technische Universität Berlin (TU) voraus und das Institut für Energie und Umwelt Heidelberg (IFEU). Beide legen nach neuesten

Berechnungen eine derzeitige Stickoxidbelastung von über 800000 Tonnen zugrunde, von denen durch eine generelle Geschwindigkeitsbeschränkung rund 250000 Tonnen eingespart werden könnten. Bei annähernd gleicher Ausgangsgrundlage sagt das Umweltbundesamt (UBA) eine Entlastung von knapp 190000 Tonnen voraus.

Alle drei Studien übernehmen wichtige Berechnungsgrundlagen aus Forschungen der Bundesanstalt für Straßenwesen (BASt), setzen aber unterschiedliche Schwerpunkte bei wirklichkeitsgerechten Fahrgeschwindigkeiten unterschiedlicher Fahrzeugtypen. Es wird also in Rechnung gestellt, daß großvolumige Autos in aller Regel mehr Fahrleistung in höheren Geschwindigkeitsbereichen erbringen als Kleinwagen. Dennoch ist allen drei Modellrechnungen ein hoher Trend zur Giftverringerung gemeinsam.

Der Rheinisch-Westfälische Technische Überwachungsverein (RW TÜV) setzt nach Untersuchungen aus dem letzten Jahr eine Gesamtbelastung mit baumtötenden Stickoxiden von 580000 Tonnen jährlich an, aber nur eine Verringerung um 140000 Tonnen. Neben völlig anderen Berechnungsgrundlagen bleiben in der TÜV-Vorhersage die Auswirkungen der Fahrdynamik unberücksichtigt.

Den geringsten Rückgang der Stickoxide durch ein Tempolimit weist die Hochrechnung des Verbandes der Automobilindustrie (VDA) aus. Die Interessenvertretung der deutschen Autohersteller geht zwar von einer Gesamtmenge von 670000 Tonnen aus, veranschlagt die erreichbare Entlastung aber nur mit 110000 Tonnen. Neben erheblich nach unten abweichenden Berechnungsgrundlagen, die teils auch überaltert sind, neben offenkundig wechselnden Begriffsbestimmungen werfen Kritiker der VDA-Studie vor, daß die Fahrdynamik ebenfalls unberücksichtigt bleibt.

Egal, welchem Gutachten umweltbewußte Autofahrer Glauben schenken, in den kommenden Jahren bringt das Tempolimit in Sachen Stickoxidminderung mehr als die Katalysatortechnik. Ein Wissenschaftler des Instituts für Energie und Umwelt hat errechnet, daß selbst auf Grundlage der VDA-Studie, die ja den geringsten Spareffekt unterstellt, in den nächsten sechs Jahren die Geschwindigkeitsdrosselung den Bäumen mehr Entlastung verschafft als die Katalysatorbestükkung der Autos. Nach Meinung der Wissenschaftler des Umweltbundesamtes ist die Stickoxidentlastung durch Verzicht auf Dauervollgas aller Autofahrer bis etwa 1990 ebenfalls größer als durch Filtertechniken am Auto.

**Weniger Gift bei niedrigerem Tempo:
Das bringt eine Geschwindigkeitsbegrenzung**

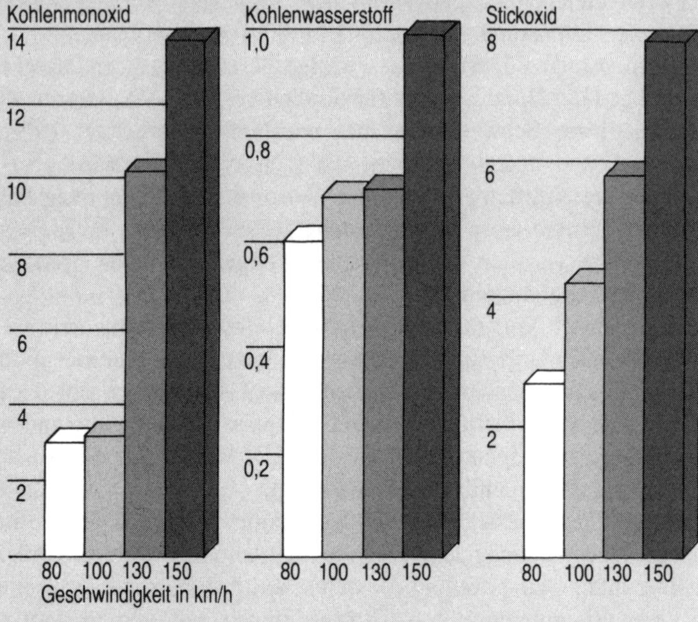

Abb. 9: Diese Schadstoffwerte (Gramm pro Kilometer) ermittelten Techniker des TÜV bei der Abgasanalyse von 20 verschiedenen Personenwagen. Die Zahlen verdeutlichen die Verringerung der Auspuffgifte bei langsamerer Fahrweise. Das Beispiel zeigt nur Werte für konstante Geschwindigkeiten ohne den erhöhenden Einfluß der Fahrdynamik. (Quelle: RWTÜV)

Nach dem für Umweltschützer enttäuschenden Abgaskompromiß der EG-Umweltminister gewinnen die Argumente für eine Tempobegrenzung zweifellos an Bedeutung. Zwar wartet die Bundesregierung offiziell noch das Ergebnis eines 14 Millionen Mark teuren Tempo-Großversuchs ab, doch für Wissenschaftler steht längst fest, daß eine wirksame und schnelle Stickoxidverringerung derzeit nur durch ein Tempolimit zu erreichen ist. Immerhin: Auch europaweit sind die Weichen in Richtung Geschwindigkeitsbegrenzung gestellt. Bis gegen Ende 1985 wird auch die EG-Kommission Vorschläge für eine einheitliche Autobahn-Höchstgeschwindigkeit in Europa vorlegen. Und es ist kaum anzunehmen, daß sich die Bundesregierung dann dem Druck anderer EG-Staaten weiterhin widersetzen kann.

Während sich Fachleute mit Statistiken und Modellrechnungen, mit Gutachten und Gegengutachten bis dahin gegenseitig zu widerlegen versuchen, sind in der Bevölkerung ebenfalls zahlreiche Argumente für oder gegen ein Tempolimit entwickelt oder gar erfunden worden. Auch hier ist die Diskussion gefühlsmäßig überladen oder gar ideologisch aufgeheizt. Die Meinungsfront läuft quer durch die Bevölkerung, weil erstmals zwei gleich hoch angesiedelte Wertvorstellungen betroffen sind, nämlich das Auto als gewohntes und bewährtes Statussymbol einerseits und der deutsche Wald als Inbegriff von Heimat andererseits. Aus dem Dilemma gibt es erstmals keinen trügerischen Ausweg, kein Verdrängen des Problems, kein Herausmogeln aus der Verantwortung. Doch die Schlagworte, die gegen ein drohendes Tempolimit in die Debatte geworfen werden, sind überwiegend nicht stichhaltig:

- Die Behauptung, Stickoxide würden überwiegend von anderen Verursachern als von Kraftfahrzeugen produziert.

Weit mehr als die Hälfte aller Stickoxide stammt aus den Motoren bundesdeutscher Autos, weniger als ein Drittel kommt aus Kraftwerken, und nur rund 15 Prozent bläst die Industrie in und auf den Wald.

- Die Behauptung, Lastkraftwagen und Omnibusse würden die Luft höher belasten als alle Personenfahrzeuge zusammen.

Tatsache ist aber, daß rund zwei Drittel aller Stickoxide aus den Auspuffrohren von Personenwagen strömen.

- Die Behauptung, im innerörtlichen Verkehr würde mehr Gift anfallen als auf Autobahnen und Landstraßen.

Das Gegenteil ist richtig. Nur ein Fünftel aller Stickoxide aus dem Straßenverkehr fällt im innerörtlichen Verkehr an, zwei Fünftel hingegen auf außerörtlichen Straßen und weitere zwei Fünftel auf Autobahnen.

- Die Behauptung, ein langsam fahrendes Auto sei länger unterwegs und produziere dadurch auch mehr Schadstoffe.

Ein Rechenfehler. Alle Emissionsfaktoren, selbst die unterschiedlich bewerteten, sind auf eine bestimmte Strecke ausgerichtet. Die für die Messung festgelegte Strecke bleibt immer gleich und ist nicht »tempoabhängig«. Es gibt beispielsweise keinen »schnellen« oder »langsamen« Testkilometer. Mehr Tempo erfordert auch mehr Motorleistung, weil Massenträgheit und vor allem der Luftwiderstand über-

Umwelttips: Was Autobesitzer bei der Tempowahl beachten sollten

- Umweltbewußte Autofahrer verzichten darauf, stets mit Höchstgeschwindigkeit über die Autobahnen zu donnern. Mit höherer Fahrgeschwindigkeit nehmen nämlich nicht nur der Kraftstoffverbrauch und der Lärmpegel spürbar zu, die Bleifußfahrt läßt auch den Ausstoß schädlicher Stickoxide ansteigen.
- Wer spritsparend und umweltschonend autofahren will, wählt auf der Autobahn eine gleichbleibende Reisegeschwindigkeit und vermeidet allzu heftige Gaspedalbewegungen. Klarer Fall: Bei Tempo 100 läuft der Motor nicht nur besonders wirtschaftlich, er pustet auch weniger Abgase in die Umwelt als bei Tempo 150 oder mehr.
- Sparsam und umweltfreundlich fahren Autolenker auch, wenn sie ihre Geschwindigkeit rechtzeitig dem Verkehrsfluß anpassen und abrupte Bremsmanöver oder Beschleunigungsvorgänge vermeiden. Dieses vorausschauende Fahrweise vermindert den Schadstoffausstoß spürbar.
- Für gleichbleibende und damit umweltschonende Fahrweise sorgt eine sogenannte Geschwindigkeits-Regelanlage, deren Einbau Sie beim Neuwagenkauf überlegen sollten. Solche elektronischen Regelsysteme lassen sich auch nachträglich in Altwagen installieren. Der »Tempostat« der Firma VDO kostet im Zubehörhandel rund 450 Mark.

wunden werden müssen. Mehr Leistung bedeutet aber zwingend auch mehr Kraftstoffverbrauch.

- Die Behauptung, im Bereich von Schnellstraßen seien die Bäume erkennbar gesund, so daß die Abgase nicht am Baumsterben beteiligt sein können.

Glatte Unkenntnis chemischer Zusammenhänge. Unter anderem ist Stickoxid an der Bildung von Ozon beteiligt, das wiederum als hauptverantwortlich für die Baumschädigung gilt. Ozon wird aber erst in größeren Höhen, etwa in Mittelgebirgslagen, gebildet, weil dazu eine starke Lichteinwirkung erforderlich ist. Gerade deshalb sind die Mittelgebirge vom Baumsterben besonders hart betroffen.

- Die Behauptung, erst die Auswertung des laufenden Großversuchs könne endgültige Klarheit über die Auswirkung von Geschwindigkeitsdrosselung und Schadstoffausstoß bringen.

Es kann bezweifelt werden, daß der teure und vor allem zeitraubende Großversuch zu neuen oder wesentlich anderen Erkenntnissen führt. Wichtige Tendenzen und Einflußgrößen sind bereits bekannt und auch ausreichend abgesichert. Mit dem Großversuch läßt sich allenfalls eine größere Genauigkeit der Meßergebnisse erreichen. Wesentlich andere Ergebnisse sind jedoch wissenschaftlich nicht zu erwarten oder in ihrer Bedeutung für den Erhalt des Baumbestandes unerheblich.

Ergebnis: Keine Ausrede und kein Scheinargument führt an der für einige Zeitgenossen bitteren Erkenntnis vorbei, daß ein direkter und nachweislicher Zusammenhang zwischen der Fahrgeschwindigkeit und dem Schadstoffausstoß besteht. Weiterhin steht fest, daß die Herabsetzung der allgemein zulässigen Fahrgeschwindigkeit auf 100 Stundenkilometer auf Autobahnen und 80 Stundenkilometer auf Landstraßen kurz- und mittelfristig die einzig erfolgversprechende Lösung zur Entlastung der Luft mit Stickoxiden ist. Damit zugleich die einzig anwendbare Möglichkeit, Baumschäden zu verhindern und das Waldsterben aufzuhalten. Zumindest bis zum Ende der neunziger Jahre gibt es keine durchschlagendere und kostengünstigere Alternative.

HUNGALU
ALUKER
RÁBA

7. Krank durch Krach

Zwölf Millionen Bundesbürger leiden unter Autolärm

Lärm macht krank. Diese Tatsache steht für Umweltmediziner schon seit Jahren fest. Durch ständigen Krach am Arbeitsplatz, am Wohnort oder in der Freizeit verengen sich die Hautgefäße, steigt der Blutdruck, vermindert sich die Speichelproduktion und verspannt sich die Muskulatur. Die Folgen: Gereiztheit, Unzufriedenheit, Kopfschmerzen, chronische Schlafstörungen, Bluthochdruck, Nervosität...

Die Liste der schlimmen Folgen durch Lärmbelästigung läßt sich noch um etliche Punkte verlängern. Längst hat sich Lärm zu einer der schlimmsten und folgenschwersten Umweltgeißeln unserer Zeit entwickelt. Rund 25 Millionen Bundesbürger, das sind immerhin 40 Prozent der Gesamtbevölkerung, fühlen sich heutzutage zeitweise oder dauernd durch Krach belästigt. Allein die Hälfte aller Lärmgeschädigten leidet unter ständigem Verkehrslärm. Untersuchungen des Frankfurter Batelle-Instituts zufolge können in der Bundesrepublik nur ganze elf Prozent aller Wohnplätze als »ruhig« bezeichnet werden.

Durch neue Gesetze und Verordnungen versucht der Staat seit Jahren, auf unseren Straßen mehr Ruhe zu verbreiten. Seit Anfang der siebziger Jahre konzentriert sich die gesetzliche Lärmbekämpfung dabei fast ausschließlich auf den Straßenverkehr. Rund 44 Millionen Mark ließ sich Bonn allein zwischen 1976 und 1980 die Verminderung des Verkehrslärms kosten. Mit diesem Betrag wurde größtenteils die Entwicklung neuer Technologien zum Lärmschutz und die Erforschung lärmärmerer Antriebssysteme gefördert. Weitere 110 Millionen Mark investierte der Bund in den letzten Jahren in Lärmschutzwände an Bundesstraßen.

◁ Krach rund um die Uhr: Trotz Lärmschutzwänden finden viele Menschen keine Ruhe

Überdies sind strengere Lärm-Grenzwerte in Sicht: Im Bereich von Krankenhäusern, Altersheimen und Schulen soll der zulässige Maximalwert drastisch gesenkt werden. Beim Bau neuer Straßen muß ferner darauf geachtet werden, daß die Lärmbelästigung der Anwohner tagsüber nicht den Wert von 62 Dezibel übersteigt. Nachts darf die Geräuschbelästigung 52 Dezibel nicht übersteigen.

Wirkungsvolle Maßnahmen zur Lärmbekämpfung machte ab 1974 erstmals das Bundes-Immissionsschutzgesetz möglich. Es regelt Genehmigungsverfahren für umweltgefährdende Anlagen ebenso wie lärmbezogene Qualitätsnormen für Maschinen und Fahrzeuge. Durch das Gesetz sollen schädliche Umwelteinwirkungen, zu denen auch Lärm zählt, bereits bei ihrer Entstehung bekämpft und verhindert werden.

Für den Bereich des Verkehrslärms richtet sich diese Forderung in erster Linie zweifellos an die Autohersteller. Sie sind seit langem aufgerufen, die Lärmwerte ihrer Fahrzeuge zu senken, und haben diesbezüglich auch schon beachtliche Erfolge vorzuweisen. Als wichtigen »Bestandteil einer zukunftsbezogenen Umweltpolitik« bezeichnet Innenminister Zimmermann in diesem Zusammenhang eine Änderung des Geräusch-Meßverfahrens für Kraftfahrzeuge, das ab Oktober 1985 gilt. Die neue Vorschrift verschärft die Geräuschanforderungen für besonders laute Fahrzeuge, die künftig nach strengeren Maßstäben beurteilt werden.

Dem neuen Meßverfahren folgen im Jahre 1989 neue, europaweit gültige Lärmgrenzwerte für Kombi- und Personenwagen. Liegt das maximal zulässige Fahrgeräusch eines Autos heute bei 80 Dezibel, so erlaubt der Gesetzgeber ab 1989 nur noch einen Höchstwert von 77 Dezibel. In der Praxis bedeutet das fast eine Halbierung der Fahrgeräusche.

Erhält diese neue Regelung Gesetzeskraft, müssen sich die Autohersteller einiges einfallen lassen. Der Grund: Rund ein Drittel aller heutigen Personenwagen schafft die neue Lärmhürde nicht. Technische Verbesserungen wie der Einbau schallgedämpfter Auspuffanlagen, die Montage moderner Reifen mit niedrigem Abrollgeräusch oder gar die Kapselung der Motoren dürften demnach bei zukünftigen Automodellen unumgänglich sein.

Ursprünglich hatte die Bundesregierung sogar noch strengere Grenzwerte im Auge. Ein im Juni 1979 veröffentlichtes »Aktionsprogramm Lärmschutz« nannte als maximal zulässiges Fahrgeräusch erstmals einen Wert von 75 Dezibel. Den Verhandlungen mit anderen EG-Partnern können es die Autohersteller verdanken, daß ihnen dieser »Zielwert 1985« vorerst nicht droht.

Der Streit um ein oder zwei Dezibel mehr oder weniger ist indes alles andere als sture Erbsenzählerei. Schuld daran hat die logarithmische Berechnung der Maßeinheit Dezibel. Im Klartext: Jede Zunahme des Meßwerts um drei Dezibel bedeutet in der Praxis eine Verdoppelung der Lautstärke. Autos, deren Fahrgeräusch 80 Dezibel beträgt, verursachen demzufolge doppelt soviel Lärm wie Fahrzeuge mit 77 Dezibel Fahrgeräusch. Insofern erscheint der Streit der Autokonstrukteure um ein paar Dezibel mehr durchaus berechtigt.

Dabei ist Lärm eigentlich gar nicht meßbar. Lärm ist nämlich kein physikalischer Begriff – Lärm wird von jedem Menschen subjektiv unterschiedlich empfunden und ist deshalb mit objektiven Meßgeräten nicht erfaßbar. Die Physiker haben sich aus diesem Grund auf eine andere Definition des Begriffs Lärm geeinigt: »Lärm ist Schall, der Nachbarn oder Dritte stören kann«, heißt es in der Technischen Anleitung zum Schutz gegen Lärm (TA Lärm). Schall ist es also, den wir als Belästigung oder gar Ruhestörung empfinden. Und Schall ist meßbar: Die Meßgröße Dezibel bezeichnet den sogenannten Schalldruckpegel, also die Lautstärke, mit der Schall beim Hörer ankommt. Die Skala der Schalleindrücke reicht von Null bis 120 Dezibel – von der Hör- bis zur Schmerzgrenze.

Und weil das menschliche Ohr im Gegensatz zu den unbestechlichen Meßgeräten Geräusche verschiedener Tonhöhen als unterschiedlich laut empfindet, wurde den Meßapparaturen ein spezielles Filter, das A-Filter, eingebaut. Es soll das menschliche Hörvermögen mit all seinen Schwächen simulieren. Aus diesem Grund geben Fachleute den mit dem A-Filter gemessenen Schalldruckpegel von Autos oder Maschinen in Dezibel (A) an. Ein durchschnittlicher Personenwagen bringt es somit im Stadtverkehr bei rund Tempo 50 auf Werte von 70 bis 72 Dezibel (A) – abgekürzt dB(A). Jedoch: Zwei Autos mit jeweils 70 db(A) Fahrgeräusch verursachen nicht 140 dB(A), sondern eben »nur« 73 dB(A) Schall, was trotzdem einer Verdoppelung des Geräuschpegels gleichkommt.

Damit zählen die Personenwagen eigentlich noch zu den Leisetretern auf unseren Straßen. Als Krachmacher sind seit Jahren vielmehr Motorräder, Lastwagen und Busse erkannt. Immerhin: 20 Mittelklasselimousinen erzeugen durchschnittlich soviel Lärm wie ein einziger

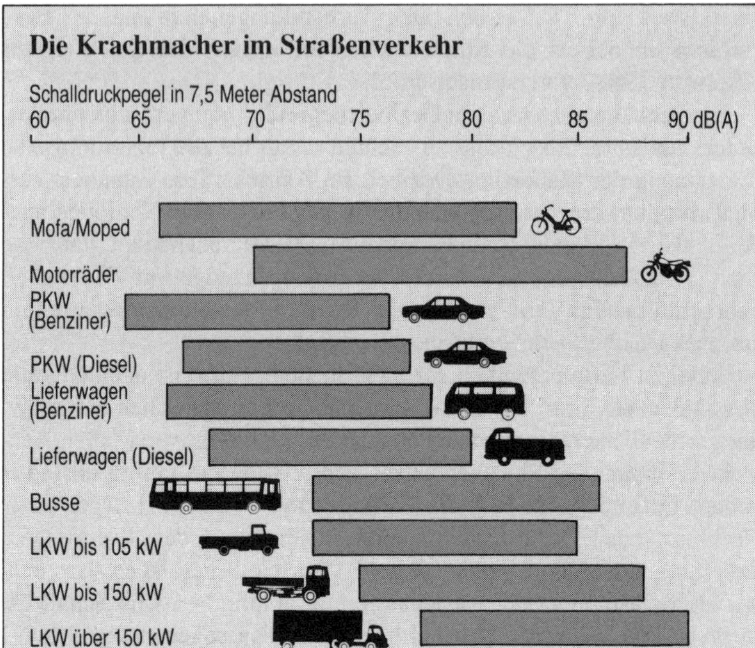

Abb. 10: Lastwagen, Busse und Motorräder zählen derzeit zu den größten Lärmsündern im Straßenverkehr. Die vom ADAC ermittelten Durchschnittsmeßwerte beinhalten die Lärmpegel von Anfahr- und Beschleunigungsmanövern ebenso wie das Geräusch bei konstanter Fahrt mit Stadtverkehrstempo. (Quelle: ADAC)

Lastwagen. Eine vom ADAC zusammengestellte Grafik verrät, wieviel Krach die einzelnen Fahrzeug-Gruppen wirklich machen (Abb. 10).

Während die Lastwagen und Omnibusse meist bauartbedingt viel Lärm machen, ist es bei den Zweirädern vielfach pure Unvernunft, die für unnötigen Krach sorgt: Nahezu jedes zweite Moped auf Deutschlands Straßen besitzt nicht mehr die serienmäßige Auspuff- und Motorbestückung und verursacht deshalb wesentlich mehr Lärm als erlaubt. »Sportliche« Auspuff-Schalldämpfer, die nachträglich montiert werden, und frisierte Triebwerke gelten als Ursache für teilweise astronomisch hohe Lärmpegel und stellen damit den Grund für zahlreiche Ruhestörungen dar.

Da verbotswidrig manipulierte Zweiräder auf diese Weise Lärmwerte mittlerer Lastwagen erreichen können, drohen den Besitzern heißgemachter Feuerstühle empfindliche Geldbußen. Schlimmer noch: Durch die unerlaubten Fahrzeugveränderungen erlöschen Betriebserlaubnis und Versicherungsschutz – bei einem Unfall kann dies ungeahnte Folgen haben.

Kein Wunder also, daß Polizeibeamte schon seit Monaten verstärkt Jagd auf manipulierte Mofas, Mopeds und Motorräder machen. Mehr Vernunft in Sachen Lärmschutz wünschen sich gestreßte Bürger allerdings nicht nur von den Zweiradpiloten. Lärmbekämpfung ist Aufgabe eines jeden Auto- und Motorradfahrers, denn jeder kann durch sein persönliches Verhalten weit mehr erreichen als komplizierte Gesetzesvorschriften. Die Tatsache, daß mehr als zwölf Millionen Bundesbürger tagtäglich unter dem Krach auf unseren Straßen leiden müssen, sollte Anlaß genug geben, endlich zu handeln.

Das folgende Kapitel sagt Autofahrern, worauf sie in puncto Lärmschutz achten sollten.

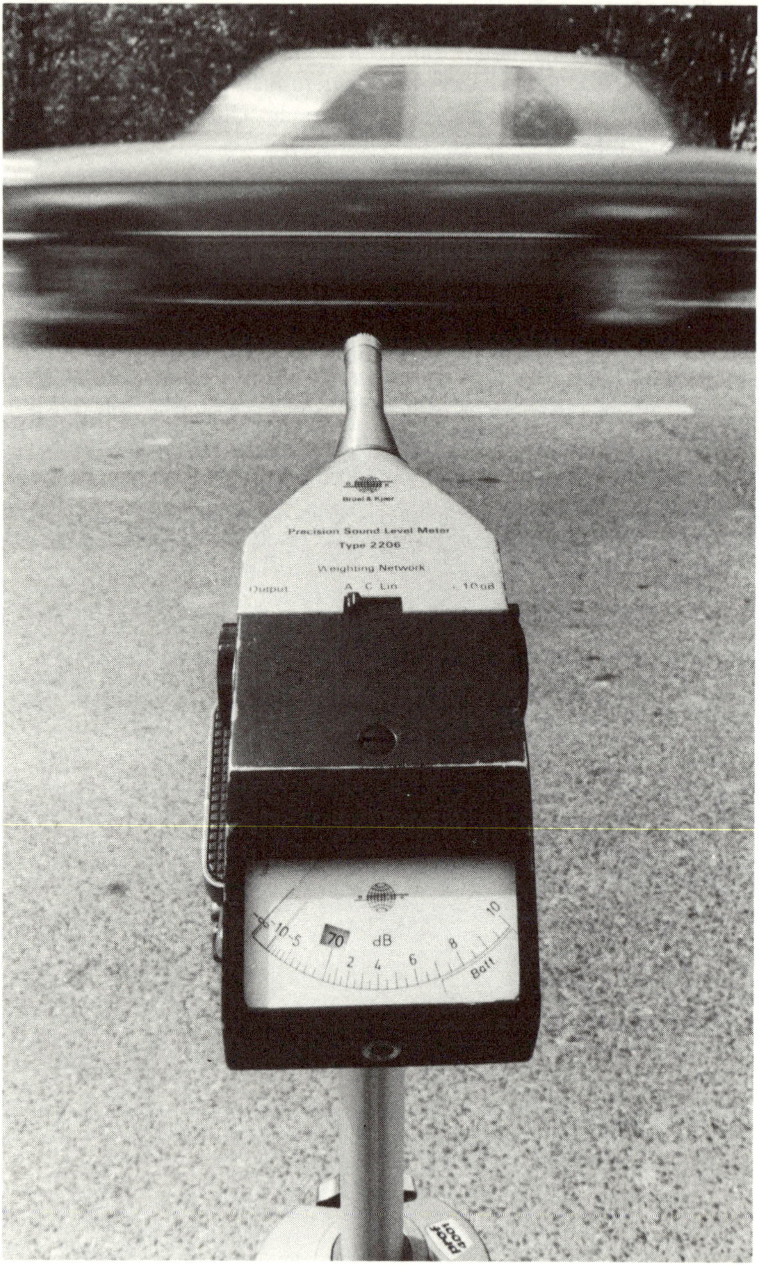
Precision Sound Level Meter
Type 2206
Weighting Network
Output
A C Lin
dB
Batt

8. Leise fährt am längsten

Wie umweltbewußte Autofahrer Lärm vermeiden

Die Straßenverkehrs-Ordnung (StVO) kennt schon seit Jahren kein Pardon mit motorisierten Lärmsündern: »Bei der Benutzung von Fahrzeugen sind unnötiger Lärm und vermeidbare Abgasbelästigung verboten«, heißt es klipp und klar in Paragraph 30 der Gesetzessammlung. Jedoch: Den meisten Autofahrern scheint diese Vorschrift völlig unbekannt zu sein, denn leider verhalten sich nur die wenigsten Fahrzeugführer dementsprechend, und auch die wenigsten Polizeibeamten ahnden Verstöße gegen die Lärmschutzbestimmungen in der StVO mit einem Verwarnungsgeld. Lärm- und Abgassünden im Straßenverkehr gelten hierzulande noch immer als Kavaliersdelikte, bei denen Ordnungshüter oftmals beide Augen fest zudrücken.

Dabei haben die Väter der Straßenverkehrs-Ordnung ziemlich genau festgelegt, was unter »unnötigem Lärm« zu verstehen ist und was demzufolge auch unter das Verbot von Paragraph 30 fällt. Laut Verwaltungsvorschrift zur StVO wird vermeidbarer Lärm verursacht, wenn

- Autofahrer die Motoren bei längeren Stops nicht abschalten;
- besonders »sportliche« Autolenker die Motoren im Leerlauf »hochjagen« oder ihre Autos lautstark beschleunigen;
- Autofahrer mit quietschenden Reifen durch die Kurven rasen;
- rücksichtslose Zeitgenossen Autotüren, Motorhauben oder Kofferraumdeckel laut zuschlagen.

Das Gesetz verbietet also durchaus eine Reihe von Lärmsünden, die für den Auto-Alltag typisch sind. Trotzdem: Den Politikern ist es durch solche Vorschriften bislang kaum gelungen, das Umweltbewußtsein der Bundesbürger auch in puncto Lärmschutz nachhaltig zu schärfen.

◁ Geräuschmessung im Straßenverkehr: Lärmsündern auf der Spur

Statt strenger Gesetze bedarf es dazu freilich in erster Linie umfassender Aufklärung und Information über die Folgen und Gefahren andauernder Lärmbelästigung. Denn: Wer seine Mitmenschen nicht unnötig durch Krach stören will, verhält sich bestimmt auch ohne Gesetzesvorschrift richtig.

Das Grundproblem allen Verkehrslärms sind die Geräusche der Automotoren. Schon im Leerlauf verursacht ein Benzin- oder Dieseltriebwerk Krach, der vom Gesetzgeber immerhin als vermeidbar angesehen wird. Noch schlimmer sieht der Lärmpegel freilich aus, wenn das Auto anfährt und langsam auf Touren kommt. Denn Motordrehzahl und Lärm stehen in engem Zusammenhang: je höher die Tourenzahl des Motors, desto lauter der Krach. Schon bei rund 3000 Umdrehungen liegt der durchschnittliche Schalldruckpegel heutiger Autotriebwerke bei fast 70 dB(A). Und bei 5000 Umdrehungen bringt es ein Motor immerhin auf eine zehnmal so hohe Schallabstrahlung: 80 dB(A) lautet dann der Durchschnitts-Pegelwert.

Noch deutlicher wird die Abhängigkeit von Drehzahl und Lärm durch ein Rechenbeispiel, das Experten des ADAC vor einiger Zeit aufgestellt haben: »Ein Fahrer, der seinen Motor mit 4000 Umdrehungen laufen läßt, macht soviel Lärm wie 32 andere Fahrer, deren Motoren nur mit jeweils 2000 Umdrehungen laufen.«

Fazit: Umweltbewußte Autofahrer schalten frühzeitig in den nächst höheren Gang und vermeiden somit unnötigen Krach. Und da viele Automodelle schon bei 40 km/h problemlos im vierten Gang gefahren werden können, fällt wirksamer Lärmschutz in der Praxis oft gar nicht so schwer. Motordefekte durch solches niedertouriges Fahren sind nicht zu befürchten: Kühlung und Öldruck moderner Motoren arbeiten auch bei niedriger Drehzahl noch hundertprozentig, wenn das Autotriebwerk ruckfrei läuft und nicht zu stark vibriert.

Auf den Geldbeutel wirkt sich der lärmarme Fahrstil obendrein noch aus. Bei etwa 40 km/h Geschwindigkeit verbraucht ein Auto im dritten Gang rund 24 Prozent mehr Sprit als bei gleicher Fahrt im vierten Gang. Noch günstigere Verbrauchswerte erzielte der ADAC sogar bei Testfahrten im Stadtverkehr. Wer seinen Wagen wenig vorausschauend, also beispielsweise ohne Beachtung der Grünen Welle, steuert und den Motor zudem hochtourig laufen läßt, verursacht nicht nur drei- bis fünfmal mehr Krach als ein vorausschauender, lärmbewußter Autofahrer. Die unvernünftige Fahrweise erhöht auch den Spritdurst des Wagens um stolze 46 Prozent.

Ähnlich verblüffende Resultate erzielen Sie auch, wenn Sie beim Beschleunigen stets an die Nerven Ihrer Mitmenschen denken. Experten empfehlen grundsätzlich, das Auto schnell und zügig auf Fahrt zu bringen und bei Erreichen des anvisierten Tempos sofort in den höchsten Gang zu schalten. Dadurch schluckt das Auto zwar kurzzeitig mehr Kraftstoff, doch um so schneller erreichen Sie eine gleichbleibende Motordrehzahl, bei der der Verbrauch sofort rapide sinkt.

Sogenannte Kavalierstarts, die jugendliche Autolenker oft bevorzugen, um auf sich aufmerksam zu machen, sind also längst passé. Solche »sportlichen« Fahrer, die den Motor ihres fahrbaren Untersatzes stets am Rande der Höchstdrehzahl laufen lassen, verursachen nach Untersuchungen des Umweltbundesamtes im Mittel um 8 dB(A) mehr Krach als ein lärmbewußter Autolenker.

Auch eine Studie des Aacheners Forschungsinsituts Geräusche und Erschütterungen (FIGE) entlarvte die Radaubrüder auf unseren Straßen: Unter 1766 Autofahrern, die bei Tempo 40 rund 69 dB(A) Lärm erzeugten, registrierten die Wissenschaftler einen einzigen Krachmacher, der bei gleicher Geschwindigkeit sogar sage und schreibe 93 dB(A) laut war.

Genauso lärmintensiv wie das Anfahrgeräusch eines Autos kann auch ein Bremsmanöver ausfallen. Einen Höllenlärm verursacht so zum Beispiel, wer seinen fahrbaren Untersatz statt per Fußbremse durch Zurückschalten mit dem Motor stoppt. Diese Unsitte, die Fahrlehrer noch vor wenigen Jahren ihren Schülern einpaukten, erweist sich längst nicht mehr als zeitgemäß. »Bremsen ist billiger und leiser«, lautet heute das Motto umweltbewußter Autofahrer, die ihren Wagen vor Ampeln im Leerlauf ausrollen lassen und mit Hilfe des Bremspedals zum Stehen bringen.

Geht im Stadtverkehr ein Großteil der Lärmentwicklung auf das Konto der Motorengeräusche, so verursachen auf Landstraßen und Autobahnen in erster Linie die Reifen unserer Autos den meisten Krach. Jeder kennt das singende Geräusch, das Reifen bei höchster Geschwindigkeit von sich geben und das bei zunehmendem Fahrtempo noch an Lautstärke gewinnt. Experten des ADAC haben ausgerechnet, daß sich das Reifen- und Rollgeräusch bei jeder Verdoppelung der Geschwindigkeit verzehnfacht. Schon bei Tempo 80 beträgt der Schalldruckpegel der Autoreifen weit über 70 dB(A) – bei Tempo 160 sind jedoch 80 bis 84 dB(A) keine Seltenheit.

Entscheidend für die Zunahme des Abrollgeräuschs sind zweifellos Typ und Zustand eines Autoreifens. Breitpneus, wie sie Sportfahrer bevorzugen, erzeugen weitaus mehr Lärm als Reifen in normaler Größe. Auch falscher, sprich zu niedriger Luftdruck erhöht das Reifengeräusch ebenso wie die Beschaffenheit des Fahrbahnbelags.

So gelten Straßen mit Kopfsteinpflaster oder einer Betondecke schon seit langem als die lautesten Straßenbeläge: Auf Beton erhöht sich der Reifenlärm um ein bis drei dB(A), während er auf Pflaster sogar um bis zu acht dB(A) zunimmt. Als leisester Straßenbelag gilt derzeit Asphaltfeinbeton.

Hinsichtlich des Fahrbahnbelags gibt es für lärmgeplagte Bürger einen Lichtblick: Wissenschaftler der Technischen Hochschule in Karlsruhe haben eine neuartige, schallmindernde Straßendecke entwikkelt, mit deren Hilfe sich der Verkehrslärm in unseren Städten um gut 50 Prozent verringern lassen soll. Eine rund 50 Zentimeter dicke Belagschicht aus Splitt und Kies dämpft dabei sowohl den Motorenlärm als auch das Abrollgeräusch der Autoreifen und schluckt den Schall buchstäblich. Ab 1987, so die Prognose der Wissenschaftler, soll der neue Fahrbahnbelag erstmals beim Bau neuer Straßen verwendet werden.

Doch nicht nur die Straßenbaufachleute können zur Verringerung des Verkehrslärm beitragen. Auch jeder einzelne Autobesitzer sollte Aspekte des Lärmschutzes bei der Wartung und Pflege seines Vehikels beachten. Schadhafte Auspuffanlagen zählen hier zu den Hauptsünden der Autoeigner. Schon ein winziges Loch im Abgassystem kann die Geräuschwerte um ein Vielfaches erhöhen. Gleiches gilt auch für die sogenannten Sport-Auspuffanlagen. Wer durch solche Geräte den »Sound« seines Wagens verändern will, erweist dem Lärmschutz keinen Dienst. Beim Kauf solcher Sportgeräte bleibt nämlich fast immer die Tatsache unbeachtet, daß ein Sportauspuff bis zu hundertmal lauter ist als eine serienmäßige Anlage. Das jedenfalls stellte das Berliner Umweltbundesamt bei einer Untersuchung fest.

Lärmbewußte Autofahrer denken jedoch noch weiter und beachten, daß beispielsweise auch der Anlasser eine erhebliche Krachquelle sein kann. Eine regelmäßige Wartung der Zündanlage macht langwierige Startvorgänge überflüssig. Ihre Nachbarn, die sich das Anlassen Ihres Wagens unfreiwillig Morgen für Morgen anhören müssen, werden dankbar sein, wenn das Auto dank richtiger Wartung stets beim ersten Startversuch anspringt.

Umwelttips: Wie Autofahrer Lärm vermeiden können

- Lärmbewußte Autolenker vermeiden zwar Kavalierstarts, gehen aber beim Beschleunigen trotzdem nicht allzu zaghaft mit dem Gaspedal um. Zügiges Anfahren und frühzeitiges Schalten in den nächsthöheren Gang hilft, Sprit zu sparen und Krach zu vermeiden. Der ADAC gibt deshalb folgende Schalttips: Den ersten Gang nur zum Anrollen des Wagens benutzen und bereits nach fünf Metern Fahrstrecke in den zweiten Gang schalten. Ab Tempo 30–35 sollte dann bereits der dritte Gang eingelegt sein und das Auto kräftig auf die gewünschte Geschwindigkeit beschleunigt werden. Spätestens ab 50 km/h rollt das Auto jedoch im vierten Gang weiter, während Geschwindigkeiten von mehr als 65 km/h im fünften Gang gefahren werden sollten. Auf diese Weise läuft Ihr fahrbarer Untersatz nicht nur leiser, er schluckt auch spürbar weniger Sprit. Zwingt der Verkehr zum Abbremsen, sollten Sie niemals die sogenannte »Motorbremse« benutzen. Experten empfehlen generell, so spät wie möglich herunterzuschalten und den Wagen nur mittels Fußbremse zu stoppen.
- In Wohnbereichen gilt vielerorts bereits Tempo 30. Dieses Geschwindigkeitslimit sollten Sie auch aus Lärmschutzgründen strikt beachten. Tempo 30 fahren Sie am besten im dritten Gang. Auch die Höchstgeschwindigkeit von 100 km/h auf Landstraßen und manchen Autobahnabschnitten soll vielerorts Anwohner vor Verkehrslärm schützen. Immerhin: Bei Tempo 140 läuft ein Auto viermal so laut wie bei 100 km/h.
- Bei längeren Ampelstops sollten Sie den Motor abschalten. Dadurch vermeiden Sie nicht nur unnötigen Lärm, sondern schonen auch Ihren Geldbeutel: Drei Minuten Leerlauf kosten so viel Benzin, wie für ein Kilometer Fahrstrecke notwendig ist.
- Türen und Heckklappe eines Autos sollten stets leise geschlossen werden. Auf 100000 Kilometer Fahrstrecke knallen Autofahrer die Türen Ihres Wagens bis zu 77000 Mal zu und machen dabei oft Krach, der Nachbarn – besonders in den Nacht- und Morgenstunden – stört.
- Vernunft ist auch im Umgang mit Hupe und Autoradio wichtig: Drehen Sie die Musikanlage Ihres Wagens nicht allzu stark auf. Durch laute Musik im Auto nimmt nicht nur das Konzentrationsvermögen des Fahrers ab, ihre Mitmenschen könnten sich durch die Stereoklänge belästigt fühlen. Merke: »Musik wird störend oft empfunden, dieweil sie mit Geräusch verbunden« (Wilhelm Busch). Ähnliches gilt auch für das Benutzen der Hupe. Eigentlich dürfen Autolenker das Signalhorn

hierzulande nur bei Gefahr oder vor Überholmanövern außerhalb von Ortschaften betätigen. Hupkonzerte zur Begrüßung oder Verabschiedung von Freunden oder Bekannten sind deshalb unter lärmbewußten Autofahrern längst verpönt.

- Motor, Auspuff, Anlasser, Reifen und Bremse Ihres Wagens sollten stets so beschaffen sein, daß unnötiger Lärm vermieden wird. Schadhafte Auspuff-Schalldämpfer gelten als die größten Lärmquellen im Straßenverkehr. Bitte beachten Sie auch, daß Breitreifen und Sport-Auspuffanlagen mehr Lärm verursachen als Serienteile.
- Die Geräuschwerte Ihres Autos können Sie senken, wenn Sie spezielle Dämmplatten aus dem Zubehörhandel unter die Motorhaube des Autos kleben. Für viele Benziner sind auch die Dämmplatten der entsprechenden Diesel-Pendants lieferbar. Ein Golf GTI läuft beispielsweise mit dem Isolierpaket des Diesel-Golf um bis zu 3 dB(A) leiser als im Serienzustand. Die Diesel-Dämmplatten sind als Ersatzteil für die Modelle Audi 80, Audi 100, Fiat Ritmo, Ford Sierra, Opel Kadett, Opel Rekord, Opel Ascona, Peugeot 305 und 505, Renault 18, VW Golf/Jetta und VW Passat/Santana erhältlich. Kostenpunkt einer solchen Krach-Bekämpfung: 100 bis 250 Mark.

Jedoch: Regelmäßige Wartung und Pflege allein machen aus einem Krachmacher noch keinen Leisetreter. Manche Automodelle zählen bereits im Neuzustand aufgrund hoher Geräuschwerte zu den Radaubrüdern auf unseren Straßen. Dazu mehr im folgenden Kapitel.

9. Leisetreter und Radaubrüder

Wie laut sind die Autos und ihre Fahrer?

Lärmschutz beginnt beim Autokauf. Wer sich als umweltbewußter Bundesbürger für ein neues Automodell interessiert, erkundigt sich beim Händler nicht nur nach Spritverbrauch, Motorleistung und Abgasentgiftung. Auch die Frage nach den Geräuschwerten eines Neuwagens gewinnt zusehends an Bedeutung. Oft reagieren die Autoverkäufer jedoch mit einem Achselzucken, wenn es um Lärmprobleme geht. Kein Wunder: Die Neuwagenhersteller machen weder in den Verkaufsprospekten noch in ihren Werbeanzeigen Angaben über die Geräuschwerte ihrer Modelle. Erst ein kritischer Blick in die Fahrzeugpapiere (Kfz-Brief und Kfz-Schein) gibt Aufschluß darüber. Hier finden die Autobesitzer nämlich unter den Ziffern 30 und 31 jene Werte, die das Kraftfahrt-Bundesamt (KBA) in Flensburg bei der Typprüfung des jeweiligen Modells ermittelt hat und die somit Grundlage der Allgemeinen Betriebserlaubnis (ABE) des Wagentyps sind.

Die Ziffer 30 im Fahrzeugschein kennzeichnet das sogenannte Standgeräusch des Autos, also den Motorlärm im Leerlauf. Für die Beurteilung eines Personenwagens unter Lärmschutzaspekten ist jedoch zweifellos das Fahrgeräusch (Ziffer 31) aussagekräftiger. Den dB(A)-Wert in den Autopapieren ermitteln Prüfingenieure mit elektronischen Meßinstrumenten in exakt 7,50 Meter Abstand zum Fahrzeug. Für die Krachkontrolle wird der Wagen im zweiten Gang aus einer Geschwindigkeit von 50 km/h voll beschleunigt und gemessen. Nur Autos mit Fünf-Gang-Getriebe dürfen im zweiten und dritten Gang vor dem Kontrollmikrofon vorbeifahren.

Als Lärmgrenzwert gilt derzeit in Europa ein Geräuschpegel von maximal 80 dB(A) für Personenwagen. Erst ab Ende 1989 dürfen sämtliche Neuwagen nicht lauter als 77 dB(A) sein. Daß der Höchstwert von 80 dB(A) Fahrgeräusch Umweltschützern ein Dorn im Auge

Geräuschwerte: Leisetreter unter den Neuwagen*

Hersteller/Modell	kW/PS	Fahrgeräusch dB(A)
Alfa Romeo		
Alfa 33 1,5	55/75	75
Giulietta 1,6	79/108	73–74
Audi		
Audi 100	66/90	71–74
BMW		
BMW 525e	92/125	71–72
Citroen		
BX 16 RS	67/92	72
Daimler Benz		
Mercedes 190 D	52/72	73
Fiat		
Uno Diesel	33/45	75
Regata 100 Super	74/100	75
Ford		
Fiesta 1,3	51/69	74
Honda		
Civic 1,3	52/71	72
Accord	65/88	72
Mazda		
626 1,6	59/80	68–75
626 2,0	74/100	70–74
Mitsubishi		
Colt 1200	40/55	60–72
Lancer 1500	55/75	68–74
Tredia 1600	55/75	68–72
Nissan		
Bluebird Diesel GL	43/58	71–73
Opel		
Monza 3,0	132/180	73–74

Hersteller/Modell	kW/PS	Fahrgeräusch dB(A)
Peugeot		
205 XE	33/45	75
205 GT	59/80	73
Toyota		
Corolla DX 1,3	51/69	68–72
Corolla DX 1,6	62/84	72
Cressida	80/109	71–72
Volkswagen		
Golf GTI	82/112	74–75
Golf Turbodiesel	51/70	74

* Quelle: Kraftfahrt-Bundesamt

ist, steht wohl außer Frage. Im Vorgriff auf die für 1989 vorgesehene Gesetzesänderung nennen Lärmfachleute Autokäufern deshalb schon heute niedrigere Richtwerte, auf die man bei der Auswahl eines neuen Wagens achten sollte:

- Personenwagen mit Vier-Gang-Getriebe sollten ein Fahrgeräusch von höchstens 75 dB(A) verursachen.
- Für Personenwagen mit Fünf-Gang-Getriebe liegt die Empfehlung der Umweltexperten bei maximal 73 dB(A).

Daß Autos mit solchen Idealwerten hierzulande keine Seltenheit sind, beweist ein Blick in die Datenkartei des Kraftfahrt-Bundesamtes. Die Tabelle »Geräuschwerte« nennt einige Personenwagen, deren Fahrgeräusch laut KBA 73 dB(A) nicht übersteigt.

Für Neuwagenkäufer, die ein lärmarmes Auto erwerben wollen, gibt es neben den Geräuschwerten aber noch ein weiteres Auswahlkriterium: Da Motordrehzahl und Lärmentwicklung in engem Zusammenhang stehen, sollten Antriebsaggregat und Getriebe eines Wagens so aufeinander abgestimmt sein, daß Sie schon bei niedrigen Geschwindigkeiten in den vierten Gang schalten können. Moderne Personenautos machen bei niedertouriger, leiser Fahrweise meist keine Probleme. Prüfen Sie deshalb bei der Probefahrt genau, ob das auserwählte Kaufobjekt bereits mit 40 km/h ruck- und vibrationsfrei von der Stelle

Krachmacher und Leisetreter: Die Lärmwerte der Autos

Typ	Baujahr	Leistung kW/PS	Schalldruck-pegel dB(A)
Honda Accord	1980	59/80	67,4
Renault 4 GTL	1979	25/34	67,9
Ford Escort	1983	51/69	69,0
Honda Civic 1,3	1982	44/60	69,0
VW Polo S	1980	37/50	69,3
Renault 5 TL	1978	32/44	69,4
VW Passat	1979	40/55	69,7
Peugeot 104	1977	32/44	69,7
VW Passat Variant	1981	55/75	69,8
Mitsubishi Colt	1982	51/70	69,9
Opel Rekord E	1980	74/100	70.0
VW Golf S	1982	51/70	70.0
Audi 100 5 S	1981	85/115	70,1
VW Derby S	1980	37/50	70,1
Audi 80 LS	1982	55/75	70,2
Audi 100	1981	63/85	70,2
Toyota Starlet	1981	39/54	70,2
Mazda 626	1981	66/90	70,2
BMW 318i	1980	77/105	70,3
Audi 100 5 E	1981	100/136	70,3
Mercedes 230 E	1982	100/136	70,3
Opel Rekord E	1980	66/90	70,4
VW Jetta S	1982	51/70	70,4
VW Passat S	1979	55/75	70,5
VW Passat Diesel	1982	40/54	70,5
Peugeot 505 GR	1981	71/96	70,5
Mazda 323	1979	44/60	70,5
Ford Granada	1982	66/90	70,6
Opel Rekord E	1980	81/110	70,8
Opel Kadett D	1981	39/53	70,8
Ford Fiesta	1981	39/53	70,8
VW Golf Diesel	1979	37/50	70,9
Fiat Ritmo 75	1983	55/75	70,9
VW Polo	1979	29/40	71,0

Typ	Baujahr	Leistung kW/PS	Schalldruck-pegel dB(A)
Citroen GX/GS	1979	43/58	71,0
Mercedes 380 SE	1981	150/204	71,1
Mercedes 280 SE	1981	136/185	71,2
BMW 728i	1981	135/184	71,3
Mercedes 280 E	1981	136/185	71,4
VW Golf S	1982	44/60	71,5
Ford Escort	1979	40/54	71,5
VW Passat Variant	1981	40/55	71,5
Ford Granada Kombi	1982	66/90	71,5
Ford Fiesta	1981	29/40	71,6
Volvo P 244	1978	74/100	71,7
BMW 520	1977	90/122	72,0
Opel Senator A	1981	103/140	72,0
BMW 732i, 733i	1981	145/197	72,3
VW Golf Diesel	1982	40/55	72,3
Opel Kadett D	1981	44/60	72,4
BMW 323i	1981	105/143	72,5
Opel Kadett D	1981	55/75	72,6
BMW 315	1981	55/75	72,9
Mercedes 300 D	1982	65/88	73,4
VW 1303 Käfer	1973	32/44	73,5
Mercedes 200 D	1982	44/60	73,5
Mercedes 240 D	1982	53/72	73,5
VW 1200 Käfer	1977	25/34	73,8
Citroen 2 CV 6	1981	21/29	73,8
VW Golf GTI	1981	81/110	73,9
Porsche 924	1982	92/125	74,3
VW 1300 Käfer	1970	29/40	74,7
Fiat 126 A	1977	17/23	74,8
Citroen 2 CV 6	1979	18/25	76,0

Die dB(A)-Werte der 64 Auto-Modelle geben das tatsächliche Fahrgeräusch der Fahrzeuge im Straßenverkehr wieder. Quelle: Umweltbundesamt, ADAC-Motorwelt

bewegt werden kann. Immerhin: Bei Tempo 40 reduziert sich die Geräuschentwicklung eines Autos nach Einlegen des vierten Gangs um zwei bis drei dB(A).

Die Frage, wie laut ein Auto ist, hängt aber trotzdem nicht einzig und allein von der Motor- oder Getriebetechnik ab. Ebenso entscheidend ist der Fahrstil des Autobesitzers. Deshalb hat das Berliner Umweltbundesamt (UBA) vor einigen Monaten das Lärmverhalten der verschiedenen Autolenker und ihrer Fahrzeugtypen untersuchen lassen. Mit Lärm-Meßinstrumenten bewaffnet, waren Wissenschaftler an den Rand stark befahrener Stadtstraßen gezogen und entlarvten dort an Ort und Stelle die wahren Lärmsünder. Erstmals konnte das UBA auf diese Weise feststellen, inwieweit die Geräuschentwicklung vom Fahrstil der verschiedenen Autofahrertypen abhängt. Von 64 Automodellen kontrollierten die Experten jeweils 30 bis 500 Fahrzeuge und errechneten anschließend einen Lärm-Durchschnittswert, der für Beschleunigungsmanöver mit Geschwindigkeiten von 20 bis 55 km/h gilt.

Die Krachkontrolle brachte verblüffende Erkenntnisse an den Tag. So beispielsweise die Meßresultate zum VW Golf GTI: Obwohl dieser flotte Kompaktwagen technisch gesehen eher zu den leisen Autos (Fahrgeräusch: 74–75 dB(A)) zählt, rangiert er in der Sünderliste des Umweltbundesamtes auf einem der schlechtesten Plätze. Der Grund: Es ist der sportliche Fahrstil der GTI-Fans, der die Dezibel-Meßgeräte zum Ausschlag brachte – 73,9 dB(A) geben die Experten als Mittelwert für den Wagentyp an.

Daß es auch anders geht, beweisen die Fahrer eines Honda Accord. Sie zählen in puncto Lärm zu den Musterknaben auf unseren Straßen, denn als Durchschnittswert gibt das UBA hier nur 67,4 dB(A) an.

In der Tabelle »Krachmacher und Leisetreter« die Meßergebnisse von 64 verschiedenen Auto-Modellen.

10. Eine schmierige Sache

Neun Millionen Liter Altöl versickern im Erdreich

Wenn die Antriebsaggregate unserer fahrbaren Untersätze alle 10000 Kilometer nach frischem Motoröl verlangen, kommen viele kostenbewußte Autobesitzer ins Grübeln. Die Frage, wo und wie man den Ölwechsel vornehmen lassen soll, beschäftigt Kraftfahrer zweifellos zu Recht. Denn ganz billig ist der Schmierstoffaustausch heutzutage keineswegs: Werkstätten kassieren bei einem Mittelklassemodell für den Ölwechsel immerhin zwischen 45 und 60 Mark, und Tankwarte erledigen den Ölservice für nicht unter 35 Mark.

Kein Wunder also, daß viele Autobesitzer beim Thema Ölwechsel zunächst an ihren Geldbeutel denken und auch hier das allseits beliebte Do-it-yourself-Verfahren bevorzugen. Wer sein Öl zudem preiswert im Kaufhaus oder Supermarkt kauft und keinen allzu großen Wert auf teures Synthetik-Öl legt, spart auf diese Weise leicht mehr als die Hälfte des für einen Ölwechsel üblichen Werkstatt-Tarifs ein. Der Trend zum Ölaustausch in Eigenregie ist deshalb unverkennbar: Wechselten im Jahre 1977 noch etwa vier Millionen Personenwagenbesitzer das Motoröl selbst, so stieg diese Zahl bis zum Jahre 1982 auf über elf Millionen.

So vernünftig der Do-it-yourself-Ölwechsel auch klingt, in der Praxis bleiben dabei Vernunft und vor allem Umweltbewußtsein leider allzu oft auf der Strecke. Denn das Verfahren, das sich Autobastler ausdenken, um verbrauchtes Motoröl auszutauschen, ist vielfach alles andere als umweltfreundlich: Da bugsieren manche Autofahrer ihren Wagen in abenteuerlicher Schräglage auf speziell konstruierte Auffahrrampen und lassen auf diese Weise das alte Öl aus dem Motor laufen. Andere öffnen die Ölablaßschraube ihres Autos kurzerhand am Straßenrand und versuchen mehr oder weniger geschickt, den Schmierstoff mit Hilfe von Dosen und Eimern aufzufangen. Noch weniger Mühe macht sich eine dritte Gruppe von Autobesitzern, die das Altöl kurzerhand ins Erdreich oder in die Kanalisation sickern läßt. Eine umweltfreundliche Beseitigung des Altöls ist nach Expertenmeinung für den Bereich der sogenannten Selbstwechsler tatsächlich nur in den wenigsten Fällen bereits beim Kauf des Motoröls gesichert. Während Tankstellen und Werkstätten, die über Altöl-Sammelbehälter verfügen, im Jahre 1982 nur etwa 15 946 Tonnen Motoröl an Autobastler verkauften, stammten im gleichen Jahr 76545 Tonnen aus dem Einzel- oder Großhandel. Nur die wenigsten dieser Kauf- und Warenhäuser besitzen jedoch Sammelstellen für verbrauchtes Motoröl.

Fest steht: Fragwürdige Do-it-yourself-Praktiken beim Ölwechsel können für die Umwelt in hohem Maße schädlich sein. Das gilt sogar dann, wenn sich Autofahrer bemühen, das Altöl in Behältern oder Kanistern aufzusammeln. Denn so sauber, wie es sich Naturschützer wünschen, arbeiten dabei zweifellos nur die wenigsten Autobastler. Selten gelingt es, jedes Gramm Altöl umweltfreundlich aufzufangen – geringe Mengen des Schmierstoffs tropfen beim Do-it-yourself-Wechsel fast immer auf den Boden. Allzu oft wird Altöl sogar gleich literweise achtlos verschüttet. Wie groß die Gefahr einer schwerwiegenden Umweltverschmutzung durch Do-it-yourself-Wechsler ist, beweist eine vom Bundesverband des Deutschen Tankstellen- und Garagengewerbes veröffentlichte Umfrage. Danach nehmen noch immer 70 Prozent der deutschen Autofahrer den Öl-Austausch dort vor, wo hundertprozentiger Umweltschutz aufgrund fehlender Geräte und Einrichtungen gar nicht möglich ist: am Straßenrand oder in der eigenen Garage.

Daß jedoch schon das Verschütten kleinster Mengen des Motorenschmiermittels verheerende Umweltschäden anrichten kann, dürfte heutzutage nahezu jedem Autobesitzer bekannt sein. Umweltschützer warnen jedoch trotzdem immer wieder vor den Risiken eines unachtsamen Umgangs mit Altöl:

- Ein Liter Altöl kann eine Million Liter Trinkwasser verseuchen.
- Fünf Liter Öl, die nach einem Ölwechsel in einen See fließen, reichen aus, um 5000 Quadratmeter Wasserfläche mit einem Ölfilm zu bedecken. Das Leben Tausender Fische und Wasservögel gerät dadurch in Gefahr.
- Die Bodenverunreinigung durch Altöl beeinträchtigt die Sauerstoffzufuhr der Erde und kann daher große ökologische Schäden anrichten.
- Die unkontrollierte Verbrennung von Altöl verschmutzt die Luft mit

gefährlichen Schadstoffen. So enthalten fünf Liter verbrauchtes Motorenöl bis zu 20 Gramm Blei, das für die menschliche Gesundheit schädlich ist.

- Altöl, das in Abwassersysteme eindringt, beeinträchtigt die Funktion der Wasserreinigungsanlagen erheblich.

Wegen der großen Umweltgefahr durch unfachmännischen Umgang mit verbrauchtem Motorenöl schreibt in der Bundesrepublik seit 1979 das »Gesetz über Maßnahmen zur Sicherung der Altölbeseitigung« eine genaue Kontrolle der Ölbeseitigung und Ölverwertung vor. Doch lückenlos ist das Kontrollverfahren der Behörden nach wie vor nicht: Nach Schätzungen des Bundeswirtschaftsministeriums versickern hierzulande jährlich bis zu 8000 Tonnen Altöl in irgendwelchen dunklen Kanälen. 8000 Tonnen, das sind immerhin rund neun Millionen Liter!

Angesichts dieser Dunkelziffer bei der Altölbeseitigung nimmt es nicht wunder, daß über jedem autofahrenden Do-it-yourself-Ölwechsler das strenge Auge des Gesetzes wacht. Wer verbrauchtes Öl aus seinem Automotor achtlos verschüttet oder gar in die Kanalisation tropfen läßt, muß mit einer Geldstrafe von bis zu 10000 Mark rechnen.

Der Motorölwechsel darf also niemals zu einer schmierigen Sache werden. Nur wer den verbrauchten Schmierstoff ordnungsgemäß in einem Altölkanister aufsammelt und Verschütten vermeidet, beweist ein ausreichendes Maß an Umweltbewußtsein. Doch damit nicht genug: Der gefüllte Altölbehälter darf nach dem Ölwechsel keinesfalls sorglos in die Mülltonne geworfen werden. Laut Gesetz sind Autofahrer verpflichtet, das Öl an speziellen Sammelstellen abzugeben. Städte und Gemeinden müssen deshalb sogenannte »Öffentliche Altöl-Sammelstellen« einrichten und das Schmiermittel kostenlos in Empfang nehmen. Auch Tankstellen und Autowerkstätten besitzen größere Sammelbehälter für altes Motorenöl und helfen Autobastlern oftmals bei der fachgerechten Beseitigung des verbrauchten Schmiermittels aus der Patsche. Nur: Eine Verpflichtung zur Altöl-Annahme besteht nur für die öffentlichen Sammelstellen – Tankwarte und Werkstattchefs können die Annahme durchaus verweigern.

Im Zeitalter des Recyclings und der Wiederaufbereitung verbrauchter Rohstoffe dürften es sich die Spritverkäufer aber inzwischen zweimal überlegen, ob sie Autofahrer mit gefüllten Altölbehältern wieder nach Hause schicken. Denn: Mit dem ausgedienten Motorenschmierstoff läßt sich heutzutage ein kleines Zusatzgeschäft machen. So verwandeln Recyclingbetriebe jährlich bereits über 270000 Tonnen

Altöl zu sogenannten Zweitraffinaten, die anschließend als gereinigte Schmieröle wieder in den Handel kommen. Auch als Energieträger kann verbrauchtes Motorenöl noch gute Dienste leisten. Eine Tonne Altöl, die in einer Fernheizungsanlage fachgerecht verbrannt wird, hilft, etwa 0,85 Tonnen Heizöl einzusparen. Von den Möglichkeiten der Altölverwertung können Tankstellen- und Werkstattinhaber zweifellos ein bißchen profitieren: Rund fünf bis zehn Pfennig pro Liter Altöl bieten ihnen spezielle Ölverwerter, die den ausrangierten Schmierstoff sogar in eigenen Tankwagen abholen. Eifrige Altöl-Sammler tun deshalb nicht nur etwas für den Umweltschutz, sondern auch für den eigenen Geldbeutel.

Trotzdem sind Autobastler, die das Motoröl an ihren fahrbaren Untersätzen selbst wechseln, Umwelt- und Naturschützern noch aus einem anderen Grund ein Dorn im Auge. Weil beim Ölaustausch in Eigenregie nämlich allzu oft das Erneuern der Motordichtungen vergessen wird, kommt es oft noch Wochen nach dem Ölwechsel zu Umweltverschmutzungen. Der Grund: Das Auto verliert dann tropfenweise kostbares Öl, da die alten Dichtungsringe nach dem Verschließen der Ölablaßschraube fast immer brechen und den Motor nicht mehr ordnungsgemäß abdichten können. Wie schnell sich eine solche Sorglosigkeit sparsamer Autobastler zu einer ernstzunehmenden Umweltgefahr entwickeln kann, zeigt eine Berechnung der Hamburger BP AG: Würde jedes Auto auf unseren Straßen täglich nur einen Tropfen Motoröl verlieren, so ergibt das binnen eines Jahres mehr als eine halbe Million Liter Öl, das ungehindert in der Kanalisation oder im Erdreich versikkert.

Das Dichtungsproblem hat im übrigen noch eine zweite Schattenseite. Manche Motordichtungen erweisen sich gegenüber bestimmten Ölsorten als empfindlich und werden aufgrund einer anderen Ölzusammensetzung besonders schnell brüchig. Nur bei der Verwendung von Markenölen treten solche Schwierigkeiten meist nicht auf, da die Ölhersteller ihre Produkte in fast allen Autotriebwerken erproben und auch die sogenannte Dichtungsverträglichkeit eingehend prüfen. Autofahrer, die »No-Name«-Öl fahren, sollten sich deshalb zuvor in ihrer Werkstatt erkundigen, ob der Autohersteller das Öl für seine Modelle freigegeben hat.

Eine Menge Geld, Zeit und Ärger können sich Autofahrer jedoch ersparen, wenn sie in puncto Ölwechsel die Möglichkeiten nutzen, die zahlreiche Tankstellen seit geraumer Zeit bieten. Hier gibt es spezielle

Das Absauggerät macht umweltfreundlichen Ölwechsel möglich

Abb. 11: Mit Hilfe solcher Absauganlagen, die es mittlerweile an fast allen modernen Tankstellen gibt, läßt sich der Motorölwechsel sauber und umweltgerecht vornehmen. Das verbrauchte Schmiermittel wird per Sonde aus dem Motor gepumpt und sofort in einen speziellen Altöl-Sammelbehälter geleitet. Autofahrer sollten jeden zweiten Ölservice auf diese Art und Weise durchführen.

Öl-Absauggeräte, die das verbrauchte Öl nach dem Staubsaugerprinzip aus dem Motor saugen (Abb. 11).

Bei dieser Methode des Ölwechsels wird zunächst der Ölpeilstab entfernt und anschließend die Absaugsonde in die Öffnung des Peilstabs gesteckt. Binnen weniger Minuten pumpt das Gerät danach das Altöl aus dem Motor in einen Sammelbehälter. Die Vorteile dieses Verfahrens: Ein Verschütten des Alt-Schmiermittels ist unmöglich, und der Autofahrer erspart sich dadurch das umständliche Öffnen der Öl-Ablaßschraube an der Unterseite des Motorblocks. Aus diesem Grund gibt es meistens auch keine Probleme mit den Motordichtungen. Denn solange die Ablaßschraube fest angezogen ist, bleiben auch die Dichtringe am Schraubenkopf intakt.

Einen Haken hat die Absaugmethode allerdings doch. So warnen Motorentechniker davor, jeden Ölwechsel nach diesem Prinzip vorzu-

Umwelttips: Was Autofahrer beim Ölwechsel beachten sollten

- Nehmen Sie den Motorölwechsel an Ihrem Wagen nur dann selbst vor, wenn sichergestellt ist, daß kein einziger Tropfen Öl ins Erdreich oder in die Kanalisation sickern kann. Vermeiden Sie auch auf jeden Fall das Verschütten kleiner Mengen Altöl.
- Erkundigen Sie sich bereits beim Kauf von Motoröl nach den Möglichkeiten einer umweltgerechten Altölbeseitigung. Tankstellen und Werkstätten besitzen Sammelbehälter für verbrauchten Schmierstoff – Kauf- und Warenhäuser meistens nicht.
- Altöl muß fachgerecht beseitigt werden. Aus diesem Grund sind Städte und Gemeinden verpflichtet, öffentliche Sammelstellen einzurichten und das Altöl gebührenfrei in Empfang zu nehmen. Erkundigen Sie sich bei Ihrer Stadt- oder Gemeindeverwaltung nach den Öffnungszeiten der Altöl-Sammelstelle.
- Versuchen Sie nicht, Altöl durch Verbrennen selbst zu beseitigen. Dadurch belasten Sie die Luft zusätzlich mit gesundheitsgefährdenden Schadstoffen.
- Nach jedem Do-it-yourself-Ölwechsel sollten auch die Dichtungen an der Ölablaßschraube erneuert werden. Wer die Dichtringe ein zweites oder gar drittes Mal verwendet, läuft Gefahr, daß die Dichtungen brechen und der Motor Öl verliert.
- Achten Sie stets darauf, daß Motor und Getriebe Ihres Wagens kein Öl verlieren. Vor allem ältere Autos gelten laut TÜV auf diesem Gebiet häufig als Umweltsünder.
- Nutzen Sie bei jedem zweiten Ölwechsel die Möglichkeit, das verbrauchte Motoröl abzusaugen. Diese Methode ist weitaus umweltfreundlicher als jede andere Art des Do-it-yourself-Ölwechsels.
- Das Ölabsaugen ist auch im Do-it-yourself-Verfahren möglich. Der Auto-Zubehörhandel hält zahlreiche Altölabsauger für Autobastler bereit, die den verbrauchten Schmierstoff mittels Hand- oder Elektropumpe aus dem Motor zaubern. Die Geräte kosten zwischen 30 und 100 Mark. Doch auch hier gilt: Das Altöl unbedingt zur Sammelstelle bringen!

nehmen. Der Grund: Das Absauggerät ist nicht in der Lage, das verbrauchte Schmiermittel hundertprozentig aus dem Motorblock zu entfernen. Da die Sonde oft nicht ganz bis in die Ölwanne vordringt, bleibt dort ein sogenannter Ölsumpf, der sich nur bei einem konventionellen Ölwechsel entfernen läßt. Um Schäden am Autotriebwerk zu vermeiden, empfehlen Fachleute deshalb, nur jeden zweiten Ölaustausch mit Hilfe einer Absauganlage durchzuführen und das Auto zu allen anderen Serviceterminen in die Werkstatt zu bringen oder in die Obhut eines fachkundigen Tankwarts zu geben. Dort sollte dann nicht nur ein gründlicher Ölwechsel, sondern zudem auch ein Auswechseln des Ölfilters erfolgen.

Trotz dieses kleinen Handicaps erweist sich der Absaug-Ölwechsel aber durchaus als umweltfreundliche Alternative zu allen anderen Do-it-yourself-Praktiken auf diesem Gebiet. Befürchtungen kostenbewußter Autobesitzer, beim Benutzen des Absauggeräts auch das Schmiermittel an der Tankstelle kaufen zu müssen, erweisen sich übrigens oftmals als unbegründet. Wer den »Öl-Staubsauger« einschalten will, zahlt meist nur ein paar Mark Benutzungsgebühr und kann danach jede x-beliebige Ölsorte einfüllen. Keine Frage, daß der Tankwart freundlicher gestimmt ist, wenn Autofahrer auch gleich das neue Motoröl bei ihm kaufen . . .

Daß jedoch nur die Beseitigung des Altöls, sondern das Vernichten ausrangierter Autoreifen Umweltprobleme mit sich bringt, zeigt das folgende Kapitel.

11. Schwarzer Müll

Der Kauf runderneuerter Reifen hilft dem Umweltschutz

Deutschland erstickt im Müll: 29 Millionen Tonnen Hausabfälle, 3 Millionen Tonnen Papier, 2 Millionen Tonnen Autoschrott, 1,7 Millionen Tonnen Altglas und 1,4 Millionen Tonnen Plastik türmen sich hierzulande Jahr für Jahr zu einer gigantischen Dreckhalde.

Angesichts solcher Zahlen nehmen sich die rund 200 000 Tonnen Altreifen, die den bundesdeutschen Müllberg noch zusätzlich vergrößern, zwar bescheiden aus. Doch die Beseitigung der 30 Millionen Autoreifen, die Werkstätten, Schrotthändler und Fachbetriebe jährlich in die Abfallcontainer werfen, stellt trotzdem ein großes Umweltproblem dar. Der Grund: Im Gegensatz zu vielen anderen Materialien läßt sich altes Gummi bislang nur schwer umweltgerecht vernichten. So trägt beispielsweise die Verbrennung von Altpneus erheblich zur Luftverschmutzung bei. Reifengummi besteht immerhin zu 60 Prozent aus umweltschädlichen Kohlenwasserstoffen, zu 31 Prozent aus gesundheitsschädlichem Ruß und zu 1,5 Prozent aus giftigem Schwefel. Verbrennungsanlagen, die ausrangierte Autoreifen in großen Mengen verfeuern sollen, müssen deshalb mit komplizierten Filteranlagen bestückt sein, die den Schadstoff-Ausstoß so gering wie möglich halten. Ein aufwendiges und zugleich teures Verfahren.

Trotzdem gibt es Möglichkeiten, drohende Umweltprobleme durch den schnell wachsenden Reifenberg in den Griff zu bekommen. Recycling heißt auch hier das Zauberwort, das eine sinnvolle und vor allem umweltgerechte Weiterverwendung des Rohstoffs Gummi sicherstellt. Zwei Möglichkeiten erscheinen dabei besonders zukunftsträchtig: Erstens stellt ausrangiertes Reifengummi den Ausgangsrohstoff für die Herstellung einer Vielzahl neuer Erzeugnisse dar. Fußbodenbeläge,

◁ **Altreifen-Halde: Millionen Pneus erwachen zu neuem Leben**

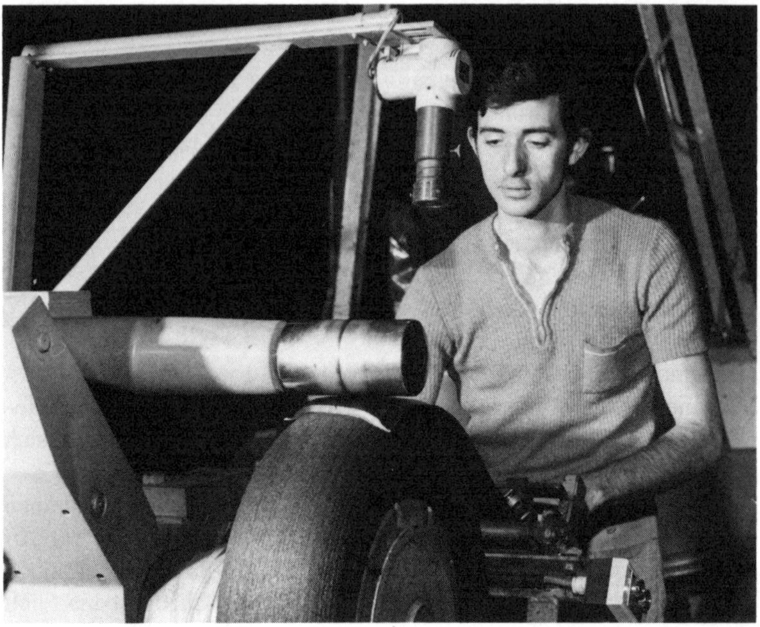

Schwarze Kunst: Ein Altreifen erhält sein zweites Leben

Abb. 12: Das Recycling von abgefahrenen Autoreifen hilft Rohstoffe einzusparen und Müllberge zu verkleinern. Hier wird die Karkasse eines Altreifens mit einem neuen Laufstreifen belegt. Später schneiden Runderneuerungsexperten das neue Profil ein. (Quelle: Autoreifen Vergölst)

Dämmplatten zur Lärmverminderung, Schuhsohlen und Elemente für den Straßenbau gelten derzeit als die wichtigsten Recycling-Produkte, die sich kostengünstig aus dem riesigen Reifenmüllberg herstellen lassen.

Zweitens verweisen Umweltfachleute beim Thema Reifenverwertung immer häufiger auf die Möglichkeiten der Runderneuerung. Rund ein Dutzend Reifenbetriebe hat sich immerhin in den letzten Jahren auf die Herstellung und den Vertrieb von runderneuerten Reifen spezialisiert. Der große Durchbruch gelang ihnen jedoch bisher leider nicht: Wegen mangelnder Nachfrage wird in der Bundesrepublik nur etwa jeder vierte Reifen durch Runderneuerung zu neuem Leben erweckt (Abb. 12).

Schuld daran trägt die Skepsis vieler Autofahrer, die regenerierten Pneus seien nicht so sicher wie Neureifen. Ein nach Expertenmeinung unbegründeter Verdacht: Seit einigen Jahren wacht nämlich die »Gütegemeinschaft Reifenrundeneuerung« darüber, daß die Reifen mit dem zweiten Leben ein Höchstmaß an Fahrsicherheit bieten. Ein RAL-Gütezeichen auf der Reifenflanke soll Autofahrer von der geprüften Sicherheit eines jeden runderneuerten Reifens überzeugen. Pneus mit diesem Siegel entsprechen strengen Sicherheitsvorschriften: So nehmen Experten jeden neubesohlten Reifen in einem harten Schnellauftest genau unter die Lupe.

Daß es kaum noch einen Grund gibt, an der Zuverlässigkeit der wiederaufbereiteten Autoreifen zu zweifeln, stellte vor einigen Jahren auch die Berliner Stiftung Warentest bei einem großangelegten Praxisversuch unter Beweis: Fast alle der geprüften Reifen mit zweiter Lauffläche erhielten gute Testnoten. Schließlich weisen auch die Reifenhändler Kritik an runderneuerten Reifen zurück. »Es gibt hier«, so ein Reifenverkäufer, »nicht mehr Reklamationen als bei Neureifen.«

Allzu gern führen die Verfechter der Reifen-Runderneuerung in diesem Zusammenhang einen Vergleich mit der Luftfahrt ins Feld. Flugzeugreifen werden nämlich bis zu siebenmal runderneuert, bevor sie endgültig auf dem Müll landen. Und was den Luftverkehrsgesellschaften recht ist, sollte den Autofahrern nach Meinung der Runderneuerer in puncto Sicherheit billig sein.

Der Vergleich mit den Flugzeugreifen hinkt freilich ein wenig. Denn anders als der Pneu einer Boeing, dem ständige Wartung zugute kommt und der ausschließlich über ebene Pisten rollt, hat ein Autoreifen nach rund 50000 Kilometer Laufleistung ein weitaus bewegteres Leben hinter sich. Harte Bordsteinkanten, zu niedriger Luftdruck, Schotterstraßen oder defekte Stoßdämpfer hinterlassen an Profil und Karkasse oft deutliche Spuren, so daß sich längt nicht jeder abgefahrene Autoreifen zur Wiederaufbereitung eignet. Doch die RAL-Gütegemeinschaft hat sich zum Ziel gesetzt, darüber zu wachen, daß allzu stark zerschundene Reifen nicht wieder in den Produktionskreislauf der Reifenaufbereiter gelangen.

So bietet der Kauf neubesohlter Reifen für den Autofahrer durchaus Vorteile: Die Pneus mit der alten Karkasse und dem neuen Profil sind durchschnittlich um die Hälfte billiger als fabrikneue Reifen. Neben diesem privaten Finanzvorteil wiegen Argumente der Rohstoff- und Energieeinsparung aber weitaus schwerer. Durch das Wiederaufberei-

Umwelttips: Was Autobesitzer beim Reifenkauf beachten sollten

- RAL-Gütezeichen und eingehende Qualitätskontrollen haben runderneuerte Reifen salonfähig gemacht. Prüfen Sie deshalb beim nächsten Reifenkauf, ob für Ihr Auto neubesohlte Pneus lieferbar sind, und entscheiden Sie sich für die Reifen mit dem zweiten Leben.
- Durch den Kauf wiederaufbereiteter Autoreifen sparen Sie nicht nur eine Menge Geld, sie helfen auch dem Umweltschutz: Runderneuerung macht eine deutliche Rohstoffeinsparung möglich und hilft, die riesigen Reifenmüllberge zu verkleinern.
- Achten Sie beim Kauf runderneuerter Reifen darauf, daß alle vier Pneus den gleichen Karkassentyp besitzen. Der Reifenhändler kann erkennen, ob der Unterbau aller Reifen identisch ist.
- Runderneuerung lohnt sich besonders für Winterreifen. Lassen Sie Ihre abgefahrenen Sommer-Gürtelreifen zu Winterreifen umrüsten!
- Regelmäßige Wartung verlängert die Lebensdauer der Autoreifen. Überprüfen Sie regelmäßig den Luftdruck, entfernen Sie regelmäßig Steine oder andere spitze Gegenstände aus dem Reifenprofil, vermeiden Sie das Befahren harter Bordsteinkanten und vertauschen Sie die Pneus der Antriebsachse mit denen an der nicht angetriebenen Achse Ihres Autos.

ten von Autopneus läßt sich nämlich sparsamer mit den wertvollen Rohstoffen Gummi und Erdöl umgehen. Immerhin können durch Runderneuerung bis zu 80 Prozent eines abgefahrenen Pneus wiederverwendet werden. Und für die Neubesohlung ist nur ein Drittel der Rohölmenge erforderlich, die Reifenfirmen normalerweise für die Herstellung von Neureifen benötigen.

Fazit: Abgefahrene Autoreifen gehören nicht einfach auf den Müll. Wer umweltfreundlich autofahren möchte, sollte beim nächsten Reifenkauf runderneuerte Pneus wählen; er hilft damit, Rohstoffe einzusparen und Müllberge zu verkleinern.

Neubesohlte Reifen, die das RAL-Gütezeichen und das Umweltschutz-Emblem »Blauer Engel« tragen, liefern unter anderem folgende Firmen:

Gummi-Mayer KG
Postfach 1360
6740 Landau

Gummiwerke Kraiburg GmbH & Co
8264 Waldkraiburg

Härdtle Reifen GmbH
7900 Ulm

Reifen-Vergölst
Dieselstraße 1–7
6350 Bad Nauheim

Reifen-Krüger KG
5090 Leverkusen 3

Reifenhaus Häberle
7290 Freudenstadt

Über die Möglichkeiten, aus ausrangierten Autokarossen wertvolle Metallrohstoffe zu gewinnen, und über die Müllprobleme durch Autoschrott berichtet das folgende Kapitel.

12. Altes Blech und faule Akkus

Das Schrottrecycling hilft, Rohstoffreserven zu schonen

Umweltschutz rund ums Auto ist nicht nur eine Frage der Abgasentgiftung, des Lärmschutzes oder der Fahrweise. Auch alltägliche Probleme wie die Beseitigung von Altöl und Altreifen sollten umweltbewußten Autofahrern nicht gleichgültig sein. Die beiden vorangegangenen Kapitel haben die Gründe dafür erklärt. Gleiches gilt freilich auch für die beiden »Abfallstoffe«, von denen jetzt die Rede sein soll: Batterien und Schrott.

Wenn der schwere Auto-Akku regelmäßig alle drei oder vier Jahre seinen Geist aufgibt, dann sind viele Autobesitzer ratlos. »Wohin mit der leeren Batterie?« heißt dann ihr größtes Problem, das sie leider allzu oft auf einfache Art und Weise zu lösen versuchen: Sie werfen den defekten Stromspeicher in die Mülltonne oder lassen ihn bei der Sperrmüllabfuhr mitnehmen. Mit beiden Methoden erweisen Autobesitzer der Umwelt jedoch leider keinen Dienst.

Ein defekter und ausrangierter Auto-Akku gehört niemals in die Mülltonne oder auf die Mülldeponie. In seinem Inneren stecken nämlich gleich zwei gefährliche Umweltgifte, die von Fachleuten unschädlich gemacht werden müssen:

- Die Batterieflüssigkeit enthält hochgiftige Schwefelsäure, deren ätzende Wirkung nicht zu verachten ist. Jeder, der schon einmal ein paar Tropfen dieser Batteriesäure auf ein Stück Stoff tropfen ließ, weiß ein Lied davon zu singen: Das Stoffgewebe löst sich binnen Sekunden auf. Deshalb darf die Akkuflüssigkeit niemals achtlos verschüttet werden. Gelangen größere Mengen der Säure beispielsweise auf einer Mülldeponie ins Freie, so ist mit einer nachhaltigen Vergiftung des Bodens und des Trinkwassers zu rechnen.

◁ Friedhof für Autos: Ausrangierte Karosserien enthalten wertvolle Metall-Rohstoffe

• Die Bleiplatten im Innenleben einer jeden Autobatterie entpuppen sich bei nicht fachgerechter Beseitigung ebenfalls als umweltschädlich. Blei greift vor allem die Pflanzenwelt an und schädigt auf dem Umweg über die Nahrungskette (Obst und Gemüse) auch die Gesundheit der Menschen.

Zwei triftige Gründe also, dem Stromspeicher des Autos nicht nur zu dessen Lebzeiten Beachtung zu schenken. Der Warnhinweis, der für einfache Taschenlampenbatterien, winzig kleine Knopfzellen und alle anderen Sorten von Akkus gilt, hat zweifellos auch für die weitaus größeren Autobatterien Gültigkeit: Niemals in die Mülltonne werfen!

Während städtische Sondermülldepots und eine Vielzahl von Elektrofachgeschäften die leeren Minibatterien in Empfang nehmen und anschließend umweltfreundlich wiederaufbereiten lassen, sollten Autofahrer mit ihren ausgedienten Blei-Akkus zum Schrotthändler gehen. Der nimmt die Stromkonserven gerne entgegen und zahlt dafür obendrein noch ein paar Mark aus: Rund 2,20 Mark bis 3 Mark lassen Autoverwerter pro Batterie springen. Und das mit gutem Grund: Auf dem zukunftsträchtigen Markt der Recyclingindustrie gelten ausrangierte Autobatterien schon seit Jahren als wertvoller Müll. Die Bleiplatten im Inneren der Akkus lassen sich nämlich kostengünstig wiederaufbereiten und für die Herstellung neuer Stromkonserven verwenden: In gut der Hälfte aller fabrikneuen Auto-Akkus steckt das Blei ausgemusterter Schrottbatterien.

Solche Recyclingerfolge lassen sich zweifellos auch mit anderen automobilen Metallteilen erzielen. So steht für Experten der Umweltbehörden und der Automobilindustrie längst fest, daß die zwei Millionen Autowracks, die in der Bundesrepublik Jahr für Jahr auf Schrottplätze wandern, alles andere als wertloser Abfall sind. In den ausrangierten Fahrzeugkarosserien stecken Unmengen kostbarer Metallrohstoffe, die für die Herstellung neuer Blechteile zunehmend an Bedeutung gewinnen. Gegenwärtig gewinnen bundesdeutsche Autoverwerter zwar erst rund 600000 Tonnen Metallrohstoffe aus scheinbar wertlosen Schrottkarossen, doch nach Expertenmeinung sind damit noch längst nicht alle Möglichkeiten des Metallrecyclings erschöpft. So beklagt das Berliner Umweltbundesamt, daß eine konsequente Altteileverwertung momentan erst bei rund zehn Prozent aller Autowracks durchgeführt wird und daß dadurch viele tausend Tonnen wertvoller Metalle verlorengehen.

Für eine intensive Weiterentwicklung der Recyclingtechnologie sprechen sich auch Fachleute der Bundesanstalt für Geowissenschaften aus. Ohne die verstärkte Wiederaufbereitung von Altteilen werden nämlich schon in wenigen Jahren die Rohstoffreserven der Erde ausgeschöpft sein:

- Aluminium wird es in rund 300 Jahren nicht mehr geben,
- die Bleivorräte der Erde reichen noch etwa 45 Jahre,
- die Zinkreserven sind in 37 Jahren erschöpft,
- die Kupfervorräte reichen noch für 67 Jahre, und
- Zinn wird es ohne einen konsequenten Ausbau der Recyclingmöglichkeiten in etwa 46 Jahren nicht mehr geben.

Daß ein durchschnittlicher Personenwagen aus mehr als nur Plastik und Stahl besteht, macht eine Aufstellung des Umweltbundesamtes deutlich. Danach stecken in jedem Auto neben Eisen noch folgende wertvolle Edelmetalle:

- 32,5 Kilogramm Aluminium,
- 26,5 Kilogramm Blei,
- 10,2 Kilogramm Zink,
- 7,9 Kilogramm Kupfer und
- 0,6 Kilogramm Zinn.

Wohlgemerkt: Dies ist der Edelmetallanteil eines einzigen Autos – jährlich fallen in der Bundesrepublik jedoch zwei Millionen Schrottgefährte als Müll an. Erst gegen Ende dieses Jahrtausends wird sich der riesige Auto-Müllberg nach und nach verkleinern. Dann nämlich soll es Autokarosserien geben, die dem Rost keine Nahrung mehr bieten. Ein neuer Werkstoff macht es möglich: Aluminium. Längst arbeiten die Autohersteller Audi und Porsche an solchen Alu-Autos, die nicht nur um die Hälfte leichter sind als herkömmliche Personenwagen, sondern zudem auch wesentlich haltbarer sein werden. Da das Leichtmetall weitaus langsamer rostet als Stahl, dürfte die Lebensdauer künftiger Automodelle spürbar zunehmen. Schlechte Zeiten für Schrotthändler.

Aluminium bietet aber noch einen weiteren Umwelt-Vorteil. Ausrangierte Alu-Karosserien lassen sich besser und leichter als herkömmliche Auto-Blechkleider wiederverwerten. Durch Recycling-Verfahren können somit fast 70 Prozent des für ein Alu-Auto verbrauchten Metallrohstoffs wieder in den Produktions-Kreislauf zurückgeführt werden.

Wie wichtig das Recycling ausgemusterter Autoteile für die Neuwagenproduzenten ist, macht auch eine Zahl aus dem VW-Konzern

(Volkswagen und Audi) deutlich. In den Werken des Unternehmens möbelten Fachleute 1980 allein 150000 Motoren zu sogenannten Austauschtriebwerken wieder auf und verwendeten dabei nur zu 14 bis 20 Prozent Neuteile. Bundesweit lebt auf diese Art und Weise etwa jedes zehnte ausgemusterte Antriebsaggregat als Tauschmotor weiter.

Die Tatsache, daß Schrott mehr als nur wertloser Müll ist, dürfte jedoch den meisten Autobesitzern noch völlig unbekannt sein. Denn Jahr für Jahr stellen immer mehr Autofahrer ihre ausgedienten und verrosteten Vehikel einfach am Straßenrand ab und überlassen damit den Behörden den Abtransport und die Beseitigung der Blechleichen. Allein in München trennen sich auf diese illegale Art und Weise jährlich über 13200 Autobesitzer von ihren fahrbaren Untersätzen und stellen die Stadtväter somit vor große Abfallprobleme. Noch schlimmer sieht die Situation freilich in den Millionenstädten des Auslands aus. Über 150000 »weggeworfene« Fahrzeuge zählt man beispielsweise jährlich in New York.

Wer seine Umwelt auf diese Art und Weise verschmutzt, muß allerdings im In- und Ausland mit saftigen Geldbußen rechnen. Gelingt es bundesdeutschen Ordnungsbehörden, den ehemaligen Besitzer eines Schrottmobils mit Hilfe der Fahrgestell- oder Motornummer zu überführen, drohen Geldstrafen von mindestens 400 Mark zuzüglich der Abschlepp- und Verwaltungskosten.

Mit Bußgeldbescheiden müssen in einigen Bundesländern sogar jene Autobesitzer rechnen, die schrottreife Blechkarossen auf ihrem Privatgrundstück abstellen und das Auto erst nach und nach ausschlachten. Die Behörden sehen darin einen Verstoß gegen das Abfallbeseitigungs-Gesetz und kontrollieren abgelegene Grundstücke deshalb besonders intensiv. Vielerorts sind sogar die Besatzungen der Polizeihubschrauber angewiesen, illegale »Schrottplätze« aus der Luft zu fotografieren und gegen die Grundstückseigentümer Anzeige zu erstatten. Um solchen Unannehmlichkeiten vorzubeugen, hat der ADAC-Nordrhein (Alteburger Straße 375, 5000 Köln 51) vor wenigen Monaten eine lobenswerte Initiative ergriffen. Der Automobilclub veröffentlichte unter dem Titel *Entsorgung rund ums Auto* eine Broschüre, die für die Regierungsbezirke Köln und Düsseldorf die Adressen der Annahmestellen für Altöl, Batterien, Altreifen und Schrott nennt. Auf einen Blick erfährt nun jeder Autobesitzer im Raum Köln/Düsseldorf, wo er seinen automobilen Müll abgeben kann. Wer außerhalb der vom ADAC-Nordrhein erfaßten Regionen wohnt, sollte sich bei seiner zuständigen Stadt- oder Gemeindeverwaltung nach den Adressen und Öffnungszeiten der sogenannten Sondermüll-Deponien für Altreifen, Altöl und Batterien erkundigen. Die Anschriften der für die Verwertung von ausgedienten Auto-Karosserien zuständigen Schrottbetriebe stehen im Branchen-Fernsprechbuch. Übrigens: Wer sein altes Auto zum Schrottplatz bringt, geht momentan nicht völlig leer aus – die Autoverwerter zahlen bis zu 100 Mark pro Fahrzeug.

Daß nicht nur die Verwertung ausrangierter Autoteile, sondern auch die Pflege noch intakter fahrbarer Untersätze Umweltprobleme mit sich bringt, schildert das folgende Kapitel.

SB-N 8148

13. Schmutz durch Saubermänner

Die Autowäsche am Straßenrand schadet der Umwelt

Steht das Wochenende vor der Tür, herrscht in Deutschlands Autofahrerfamilien emsiges Treiben. Der Grund: Regelmäßig am Samstag bringen Millionen fleißiger Saubermänner ihren fahrbaren Untersatz auf Hochglanz, waschen und polieren das automobile Blechkleid mit peinlicher Sorgfalt. Jährlich waschen die Bundesbürger ihre Autos insgesamt 435 Millionen Mal. Doch bei diesen Putzorgien mit Autoshampoo, Schwamm und Hochglanzpolitur geht es in Wirklichkeit alles andere als sauber zu.

Angesichts der nach wie vor beliebten Do-it-yourself-Autowäsche schütteln Umweltfachleute besorgt den Kopf. Mit gutem Grund: Wer seinen Wagen nach allen Regeln der Waschkunst einseift, schrubbt und abspült, erweist Umwelt und Natur einen schlechten Dienst. Mit dem abgespülten Schmutzwasser tropfen nämlich gefährliche Ölrückstände, Asbeststaub aus Kupplung und Bremse und Waschmittelreste (Tenside) ins Abwasser und damit in die Kanalisation. Von dort aus vermag meist kein Filter und Reinigungssieb den Waschrückständen Einhalt zu gebieten. Die hierzulande vielerorts installierten Einfachkanalsysteme leiten schmutziges Wasser nahezu ungefiltert in Gewässer ab, aus denen an anderer Stelle wieder Trinkwasser geschöpft wird.

Nur selten finden sich in Städten und Gemeinden Kanalsysteme mit Wasserreinigung (Kläranlagen), die schädliche Rückstände aus dem Waschwasser der Autobesitzer immerhin zu 90 Prozent ausfiltern. Doch auch die verbleibenden zehn Prozent belasten die Trinkwasserqualität enorm. Schlimmer noch: Die Tenside aus den Autoshampoos vermindern in Verbindung mit Bakterien den Sauerstoffgehalt der

◁ **Waschmaschine für Autos: 200 Liter kostet jeder »Waschgang«**

Flüsse und Seen. Die schreckliche Folge: Fische und Wasserpflanzen sterben.

Als besonders gedankenlose Umweltsünder gelten allerdings auch jene Autofahrer, die ihr liebstes Kind nicht vor der eigenen Haustür, sondern in der grünen Natur, an Flüssen, Baggerseen, Wäldern oder Wiesen waschen. In diesem Fall ist die Gefahr einer Wasserverseuchung durch abgeschwemmte Ölrückstände und Tenside noch größer.

Kein Wunder also, daß viele Stadt- und Gemeindeväter dem Treiben der autofahrenden Saubermänner einen Riegel vorgeschoben haben: In zahlreichen Regionen des Bundesgebiets ist sogar die private Autowäsche am Straßenrand generell verboten – anderswo drohen saftige Geldstrafen (bis zu 500 Mark) für den Fall, daß »Kraftfahrzeug-Waschwasser« in Flüsse oder Seen gelangt. Tatsachen, die vielen Autobesitzern mit Putzfimmel offenbar unbekannt sind.

Doch niemand muß deshalb auf die allwöchentliche Autoreinigung verzichten: Die umweltgerechte Autopflege ist keineswegs unmöglich. Wer seine Karosse auf saubere Art und Weise vom Straßenstaub befreien will, muß noch nicht einmal selbst Hand anlegen. Viele automatische Waschanlagen oder Waschstraßen arbeiten weitaus umweltschonender als die Do-it-yourself-Wäscher. Die rund 200 Liter Wasser, die pro Waschgang auf einen Personenwagen niederrieseln, werden von vielen Waschanlagen nämlich gefiltert und wieder nutzbar gemacht. Auf diese Weise gelangen zum einen keine umweltschädlichen Stoffe in die Kanalisation und zum anderen hilft diese moderne Technik, wertvolles Wasser zu sparen: 80 Prozent des bei einer Autowäsche verspritzten Wassers lassen sich in modernen Anlagen wieder aufbereiten.

Mehr noch: Die Betreiber von Waschstraßen müssen auf ihren Grundstücken spezielle Benzin- und Ölabscheider installieren, die abgeschwemmte Treib- und Schmierstoffreste ausfiltern und in separaten Behältern sammeln.

Allerdings arbeitet hierzulande noch längst nicht jede automatische Waschanlage nach dem umweltschonenden und wassersparenden Prinzip. Nur Geräte, die mit dem Umweltzeichen »Blauer Engel« gekennzeichnet sind, helfen, die Umwelt zu entlasten.

Doch auch derjenige, der dem Blechkleid seines Autos die maschinelle Reinigung ersparen will und lieber selbst Hand anlegen möchte, kann etwas für den Umweltschutz tun. Immer mehr Tankstellenverwalter machen umweltbewußten Autobesitzern die Wagenwäsche nämlich

Eine saubere Sache: Autopflege am SB-Waschplatz

Abb. 13: Wer sein Auto hier per Hand wäscht, hilft dem Umweltschutz. An den neuen SB-Waschplätzen, die immer mehr Tankstellen einrichten, wird öl- und benzinhaltiges Schmutzwassser nicht in die Kanalisation geleitet. Spezielle Abscheider halten die wassergefährdenden Stoffe zurück.

leicht, in dem sie auf ihren Grundstücken spezielle Do-it-yourself-Waschplätze einrichten. Hier können Autofahrer gegen ein paar Mark Gebühr (für Schlauch und Wasser) ihren fahrbaren Untersatz nach Herzenslust und vor allem mit gutem Umweltgewissen auf Hochglanz bringen.

Diese neue Art der Autowäsche hat für den Umwelt- und Gewässerschutz zweifellos große Vorteile. Denn auch hier fließt das abgeschwemmte Schmutzwasser nicht direkt in die Kanalisation. Öl- und Benzinabscheider halten schädliche Stoffe zurück und machen die Autoreinigung damit wirklich zu einer sauberen Sache. Und wer an solchen Waschplätzen zusätzlich noch auf umweltschädliche und tensidhaltige Autoshampoos verzichtet, handelt im Sinne des Umweltschutzes noch vorbildlicher.

Ohne Wasser- und Umweltverschmutzung läuft auch die Autowäsche mit einem neuartigen Trockenwaschmittel ab. Per Schwamm müssen Autofahrer dieses Mittel auf Karosserie, Chromteile und Radkappen auftragen und nach einigen Minuten einfach wieder abreiben. Das Ergebnis ist verblüffend: Der Lack des Autos glänzt wie nach einer

Umwelttips: Was Autobesitzer bei der Wagenpflege beachten sollten

- Lassen Sie sich nicht zu Putzorgien verleiten, und waschen Sie den Wagen nur dann, wenn es wirklich nötig ist: Jede Autowäsche schadet der Umwelt und verschlingt Unmengen kostbaren Trinkwassers. Beachten Sie: Deutschlands Autofahrer verbrauchen für die Wagenpflege jährlich 40 Milliarden Liter Wasser!
- Erkundigen Sie sich beim Ordnungsamt Ihrer Stadt- oder Gemeindeverwaltung, ob die private Autowäsche am Straßenrand in Ihrer Gegend erlaubt ist. In zahlreichen Regionen ist eine solche Autopflege streng verboten.
- Nehmen Sie die Autowäsche niemals an Flüssen, Seen oder Waldschneisen vor. Dadurch kommt es fast immer zu einer unmittelbaren und nachhaltigen Wasserverschmutzung, deren Verursacher in der Bundesrepublik mit hohen Strafen rechnen muß.
- Wer sein Auto eigenhändig reinigen will, sollte einen Waschplatz an einer Tankstelle mieten. Hier ist sichergestellt, daß Öl- und Benzin-Rückstände nicht in die Kanalisation fließen können.
- Verzichten Sie bei der Wagenwäsche auf umweltschädliche Autoshampoos oder ähnlich gefährliche Reinigungsmittel. Durch Wasser und Schwamm wird das Auto genauso sauber.
- Umweltfreundlich ist auch die Autowäsche in einer automatischen Waschanlage, die das verbrauchte Wasser wieder aufbereitet und nutzbar macht. Solche Anlagen erkennen Sie am Umweltzeichen »Blauer Engel«.

Naßwäsche, doch kein einziges Öl- oder Benzintröpfchen schädigt dabei Boden, Grundwasser oder Vegetation. Die neuartige Trockenwäsche kostet pro Waschgang drei bis fünf Mark – ein komplettes Set, bestehend aus Schwamm und Reinigungscreme, ist an Tankstellen und im Zubehörhandel für rund 30 Mark zu haben.

Wie Autofahrer Umwelt und Mitmenschen vor einem weiteren Giftstoff, dem Asbest, bewahren können, verrät das folgende Kapitel.

14. Gefährlicher Staub

Noch viel zu viele Autos bremsen mit Asbest

Friedhelm Farthmann, ehemaliger Gesundheitsminister des bevölkerungsreichsten Bundeslandes Nordrhein-Westfalen, hegt schon seit Jahren keine Zweifel mehr. »Asbesthaltige Brems- und Kupplungsbeläge in Kraftfahrzeugen sind gesundheitsschädlich und sollten deshalb sofort generell verboten werden«, forderte der SPD-Politiker vor einigen Monaten. Den Anlaß für diesen Appell an die Zubehör- und Autoindustrie bot eine Untersuchung des Münchener Fraunhofer-Instituts, das alarmierende Meßdaten veröffentlichte. Über 14 Monate lang hatten die Wissenschaftler des Instituts die Luftqualität an einer verkehrsreichen Kreuzung in der Dortmunder Innenstadt genau überprüft. Dabei ging es ihnen jedoch nicht um die Luftverschmutzung durch Autoabgase, sondern vielmehr um die Verunreinigung der Stadtluft durch mikroskopisch kleine Asbestfasern. Die Ergebnisse der Messungen gelten in Fachkreisen als beispielhaft für eine Vielzahl von Verkehrsknotenpunkten in bundesdeutschen Städten: Pro Kubikmeter Atemluft registrierten die Fraunhofer-Experten bis zu 860 Asbestfasern, die bei den unzähligen Anfahr- und Bremsmanövern der Autos freigesetzt wurden.

Das Asbest aus den Brems- und Kupplungsbelägen der Kraftfahrzeuge steht jedoch auf der Liste der für die menschliche Gesundheit gefährlichen Stoffe ganz weit oben. Grund: Asbest löst sich in eine Vielzahl mikroskopisch kleiner, nadelförmiger Fasern auf, die sich in den Atem- und Verdauungsorganen des Menschen festsetzen und oft erst mit zwanzigjähriger Verspätung Krebserkrankungen auslösen können. Das Teufelszeug, das jahrelang weltweit bedenkenlos verarbeitet wurde, bedroht uns freilich nicht nur an Straßenkreuzungen. Asbest steckt in weit über 3000 verschiedenen Produkten: Es wird zur Isolation von Hausdächern verwendet, dichtet Wasserleitungen ab, macht Blumenkübel witterungsbeständig und steckt in den Motoren vieler Haushaltsgeräte. Rund 170000 Tonnen des gefährlichen Materials hat die bundesdeutsche Industrie noch zu Beginn der achtziger Jahre verarbeitet. Erst seit kurzer Zeit ist der Siegeszug des Asbests gestoppt. Mediziner fanden heraus, daß sich das Material immer wieder in winzigkleine Fasern auflöst, die eine Gefahr für die Atemorgane darstellen.

Bei der Herstellung von Brems- und Kupplungsbelägen für Last- und Personenwagen galt Asbest jahrelang als unersetzlich. Kein Wunder: Der asbesthaltige Bremsenabrieb war bis vor kurzer Zeit noch nicht als gefährlich erkannt. Immerhin wehen derzeit rund 13 Tonnen Asbeststaub aus den Brems- und Kupplungssegmenten durch die Luft.

Die Untersuchung des Fraunhofer-Instituts beweist jedoch deutlich, daß die Anwohner stark befahrener Straßen mit einem erhöhten Krebsrisiko rechnen müssen. Die »kritische Grenze« für den Asbestanteil in der Stadtluft beziffert das Berliner Bundesgesundheitsamt nämlich auf »deutlich unter 1000 Fasern pro Kubikmeter Luft«. Am Rande der Dortmunder Kreuzung registrierten die Meßapparaturen zwar »nur« durchschnittlich 860 Asbestfasern pro Kubikmeter Luft, doch wer dieser Belastung tagtäglich ausgesetzt ist, gilt nach Medizinermeinung als Risikopatient. Zu Recht schimpfte deshalb vor Monaten der nordrhein-westfälische Gesundheitsminister: »Jede Asbestfaser in der Luft ist eine Faser zuviel.«

Die Wirkungsweise des als »Todesstaub« bekannten Asbests ist dabei besonders heimtückisch. Asbestgeschädigte Menschen leiden zunächst unter Atemnot, Magen- und Darmleiden oder Rippenfell-Entzündungen. Erst mit bis zu zwanzigjähriger Verspätung löst das in den Körper eingedrungene Asbest schwerwiegende Krebserkrankungen aus, deren Heilung oft aussichtslos ist. Nach Schätzungen der Gesundheitsbehörden kostet das Teufelszeug Asbest auf diese Weise jährlich rund 5000 Menschen das Leben.

Die Forderung von Medizinern und Politikern nach einem generellen Verbot von asbesthaltigen Brems- und Kupplungsbelägen erweist sich damit als begründet. Ein Asbestverbot wäre zudem leicht durchzusetzen, denn schon seit einiger Zeit gibt es im Zubehörhandel Bremssegmente, die einen wesentlich geringeren Asbestanteil aufweisen als herkömmliche Beläge. Die umweltfreundlichen Bremselemente sind mittlerweile für eine Vielzahl von Personenwagenmodellen lieferbar.

Sogar eine Nachrüstung älterer Fahrzeuge ist machbar. Das Lieferprogramm der Belaghersteller beinhaltet beispielsweise asbestfreie Bremsklötze für folgende Modelle:

Audi – GTE, 50, 80, 100.

BMW – 316, 318 (i), 320, 518, 520 (i), 525, 528 (i).

Daimler Benz – alle Dieselmodelle (200–300 D) sowie die Benziner 200, 230, 250, 280 (E), 230–280 (C, CE) 280 (S, SE) und 280 SEC.

Fiat – 124, 125, 126, 128, Panda, Mirafiori, X 1/9, 132.

Ford – Escort, Taunus, Capri, Granada.

Opel – Ascona, Rekord, Manta, Kadett, Corsa.

Peugeot – 305 (alle Modelle außer GT), 205 (D, GT), 604, 505 (GTI, Kombi).

Renault – R 5, R 18.

VW – Golf, Jetta, Passat, Scirocco, Santana, Derby, Polo.

Die asbestlosen Bremsbeläge werden derzeit von folgenden Firmen auf dem deutschen Markt angeboten:

- Abex-Pagid, Postfach 100145, 4300 Essen;
- Textar, 5090 Leverkusen-Schlebusch;
- Beral, 5277 Marienheide;
- Ate, Postfach 900120, 6000 Frankfurt 90.

Im Herbst des Jahres 1984 gelang der Frankfurter Firma Ate bei der Entwicklung neuartiger Bremsbeläge ein weiterer Fortschritt. Für die Scheibenbremsen von nahezu jedem dritten Fahrzeugtyp liefert das Unternehmen seitdem Bremsbeläge, die völlig asbestfrei sind. Während bisherige Bremsklötze mit der Bezeichnung »asbestfrei« (Semi-Metallic) durchaus noch dünne asbesthaltige Zwischenschichten enthielten, kommen die neuen Ate-Beläge völlig ohne das giftige Fasermaterial aus.

Rund 20 Millionen Mark mußte der Bremsenhersteller für die Erforschung und Entwicklung dieser neuen Belaggeneration investieren, denn bisher überstand nur Asbest die teilweise bis zu 4000 Grad hohen Bremstemperaturen an Autoscheibenbremsen. Mit einer Mischung aus verschiedenartigen Fasermaterialien konnte die Firma das Asbest jedoch endgültig ersetzen.

Ein Verzicht auf die krebsgefährlichen Bremsklötze macht sich für Autofahrer aber nicht nur aus Gründen der Gesundheitsvorsorge bezahlt. Die asbestfreien Beläge sind zwar geringfügig teurer als herkömmliches Material, doch die Lebensdauer der neuen Bremsklötze ist rund doppelt so hoch.

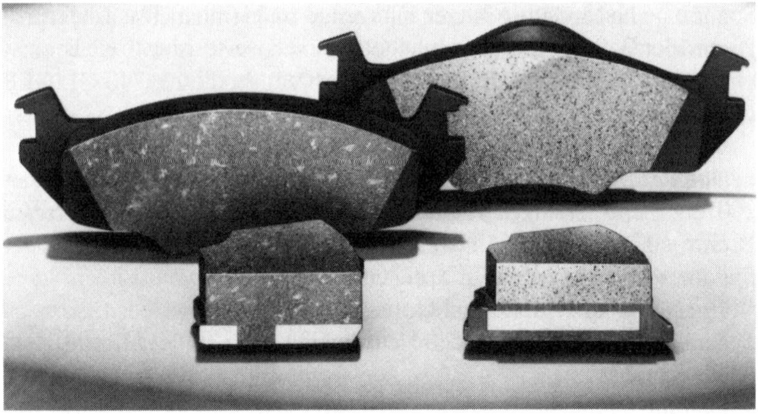

Völlig asbestfrei: Die neuen Bremsbeläge

Abb. 14: Der Einbau asbestfreier Bremsbeläge schützt die menschliche Gesundheit. Die neuen Bremssegmente der Frankfurter Firma Ate (links im Bild) besitzen im Gegensatz zu anderen sogenannten asbestfreien Belägen (rechts im Bild) keine asbesthaltige Zwischenschicht mehr. Die Mischung anderer Materialien macht den gefährlichen Faserstoff damit endgültig überflüssig.

Auf die Politikerappelle und Medizinerwarnungen reagieren die Automobilhersteller allerdings nur zögerlich. Noch längst nicht alle Neuwagenproduzenten bauen in ihre Produkte bereits ab Werk asbestfreie Brems- und Kupplungsbeläge ein. Lediglich rund 100 Automodelle besitzen derzeit serienmäßig die umweltfreundlicheren Beläge. Unter anderem zählen dazu folgende Auto-Typen:

Audi – alle Modelle besitzen asbestfreie Bremsbeläge jeweils an Vorder- und Hinterachse.

Austin – Maestro, Montego, Rover 501 (nur Vorderachse).

BMW – 3er- und 5er-Reihe (nur Hinterachse).

Ford – Escort XR 3i (nur Hinterachse), Sierra (nur Hinterachse), Granada 2,8/2,5 D (nur Vorderachse), Scorpio (Vorder- und Hinterachse).

Nissan – Silvia, 300 ZX (jeweils nur Vorderachse).

Opel – Corsa, Kadett (jeweils nur Vorderachse).

Peugeot – 505 TJ/STJ, 505 turbo, 305 GTX, 104, 205.

Saab – alle Modelle besitzen an Vorder- und Hinterachse asbestfreie Bremsklötze.

Volvo – 360 GLT/GLE, 760 GLE/Turbo/Turbodiesel, 740 GL/GLE (jeweils Vorder- und Hinterachse).

VW – alle Modelle besitzen vorne und hinten asbestfreie Bremsbeläge.

Trotz dieser geringen Anzahl von Neufahrzeugen mit asbestfreien Bremsbelägen sind die Umweltfachleute zuversichtlich. Für sie steht unwiderruflich fest, daß die neuen Bremsklötze weltweit auf dem Vormarsch sind. Zu Beginn des nächsten Jahrzehnts besitzen nach Schätzungen der Experten alle Neuwagen auch in puncto Bremsbelag eine »weiße Weste«.

Daß umweltbewußte Autobesitzer nicht nur auf asbestfreie Bremsklötze umsteigen, sondern auch auf sparsamen Spritverbrauch Wert legen, soll das nächste Kapitel beschreiben.

Ich bin
Energie
sparer

15. Umweltfreunde sind sparsam

Ein wirtschaftlicher Fahrstil macht sich doppelt bezahlt

Seit im Jahr 1973 auf bundesdeutschen Straßen buchstäblich alle Räder stillstanden und die westlichen Industrienationen die Folgen der Ölpreiskrise zu bewältigen hatten, gilt für Autohersteller und Kraftfahrer ein neues Motto: »Sparen beim Fahren.«

Seit dieser Zeit der Sonntagsfahrverbote und Tempolimits hapert es an Tips, Ratschlägen und Kniffen zum Thema Benzinsparen wahrlich nicht. Im Gegenteil: Broschüren mit vielversprechenden Titeln wie »Mehr Kilometer mit weniger Benzin« oder »Kraftstoff sparen – aber wie?« brachten Behörden und Automobilclubs in Millionenauflage unters autofahrende Volk. Der Erfolg der Sparaktionen blieb nicht aus: Seit Jahren registrieren die Mineralölfirmen einen leichten, aber stetigen Rückgang des Verbrauchs an Motorenbenzin. Gegenüber 23,3 Millionen Tonnen im Jahre 1979 konsumierten Deutschlands Autofahrer 1983 nur noch rund 22,9 Millionen Tonnen Kraftstoff. Diese positive Tendenz ist jedoch auch auf die Bemühungen der Autoproduzenten zurückzuführen. Seit der Ölkrise bemühen sich die Firmen ernsthaft, Aspekte des Energieverbrauchs bei der Entwicklung neuer Modelle noch stärker in den Vordergrund zu stellen. In den folgenden Jahren entstanden denn auch wahre Sparwunder auf Rädern: Verbrauchten die Autos im Jahre 1978 noch durchschnittlich 9,8 Liter Benzin pro 100 Kilometer, so verringerte sich dieser Wert bis heute auf nur noch 7,8 Liter.

Dieses Ziel erreichten die Autokonstrukteure, in dem sie Luftwiderstand und Gewicht der Karossen radikal verringerten. Begriffe wie Aerodynamik oder cw-Wert sind schon seit Jahren aus der Diskussion

◁ Energiesparer unterwegs: Fahrstil und Pflegezustand des Autos bestimmen den Verbrauch

um sparsamere Automodelle nicht mehr wegzudenken. Mit gutem Grund: Der Luftwiderstand eines Personenwagens steigt nämlich im Quadrat der Geschwindigkeit. Doppeltes Tempo erfordert beispielsweise die vierfache Antriebskraft und damit auch einen erhöhten Spritbedarf: Schluckt ein Durchschnittsauto bei Tempo 90 fünf bis sechs Liter Treibstoff, so strömen bei Tempo 160 schon 14 bis 18 Liter durch den Vergaser! Eine Verringerung des cw-Wertes (Luftwiderstandsbeiwert einer Karosserie) wirkt dagegen Wunder. VW-Techniker ermittelten, daß sich durch zehn Prozent weniger Luftwiderstand bereits vier Prozent Kraftstoff einsparen lassen. Kein Wunder, daß sich die Autodesigner bemühen, immer windschlüpfrigere Karosserien zu entwerfen und den berüchtigten cw-Wert damit spürbar verkleinern. Lag der Luftwiderstandsbeiwert eines Mittelklasseautos noch vor rund zehn Jahren bei etwa cw = 0,42, so gelang den Aerodynamik-Experten bis heute eine Verminderung auf Werte von 0,30 (Audi 100) bis 0,33 (Ford Scorpio).

Auch das Thema Leichtbau steht in den Entwicklungsabteilungen der Autofirmen seit Jahren ganz obenan. Der Grund: Eine Gewichtseinsparung von nur 100 Kilogramm hilft, rund einen Liter Kraftstoff pro 100 Kilometer einzusparen. Kunststoffteile an der Karosserie, im Innenraum und sogar im Motor sollen deshalb die Automodelle abspeken und noch sparsamer machen. Forschungsfachleute schätzen sogar, daß Serienautos – einschließlich aller Fahrwerk- und Motorteile – in gut zehn Jahren komplett aus Kunststoff gefertigt werden könnten.

Sensationelles in puncto Wirtschaftlichkeit vollbrachten die Autofirmen schließlich auf dem Sektor der Motorentechnik. Vor allem durch die Weiterentwicklung wirtschaftlicher Dieselaggregate gelang es, regelrechte »Sparbüchsen« auf den Markt zu bringen. Autos wie der VW Golf Diesel oder der Ford Fiesta Diesel, die sich mit fünf bis sechs Liter Kraftstoff je 100 Kilometer begnügen, sind längst keine Ausnahmen mehr. Nahezu jeder europäische Autoproduzent hat heute ein solches sparsames Dieselauto im Lieferprogramm. Und das nicht nur aus Gründen der Wirtschaftlichkeit: Die kleinen Dieselmotoren gelten zudem auch als besonders »schadstoffarm« (siehe Seite 37).

Die Appelle und Bemühungen, sparsam mit dem Treibstoff umzugehen, haben während der letzten Monate zweifellos erneut an Bedeutung und Aktualität gewonnen. Denn seitdem das Automobil als angeblicher »Umweltfeind Nummer 1« (Ex-Innenminister Gerhart Baum) erkannt ist, geraten zunehmend auch die Probleme des Energieverbrauchs wieder ins Rampenlicht der Diskussion. Der Grund dafür ist einfach: Autos, die wenig Benzin konsumieren, pusten auch verhältnismäßig wenig Abgase in die Umwelt. Den Zusammenhang zwischen Umweltschutz und Benzinverbrauch machte vor kurzem das Berliner Umweltbundesamt auf anschauliche Art und Weise deutlich: Wenn es jedem Autofahrer gelingt, den Kraftstoffverbrauch seines Wagens um nur fünf Prozent zu reduzieren, so vermindert sich die Schadstoffbelastung der Luft um sage und schreibe 300000 Tonnen Kohlenmonoxid und 50000 Tonnen Stickoxide!

Eine Spritersparnis von fünf Prozent stellt Autobesitzer in der Praxis aber kaum vor Probleme. Die Bochumer Aral AG meint immerhin, daß sich der Benzinverbrauch eines Personenwagens sogar um gut 13 Prozent senken läßt, wenn die Autofahrer alle ernstgemeinten Ratschläge zur Spriteinsparung befolgen würden. Im Klartext: Unter Beachtung aller Sparregeln sinkt der Spritdurst eines Personenwagens, der bisher rund 11,4 Liter Benzin pro 100 Kilometer verbrauchte, auf bescheidene 9,9 Liter.

Entscheidend für den Spritdurst eines Autos ist dabei in erster Linie der Fahrstil des Mannes oder der Frau am Steuer. Wer sich beispielsweise unentwegt hart »am Limit« bewegt, den Motor also pausenlos mit Höchstdrehzahl laufen läßt und zudem stets versucht, die Höchstgeschwindigkeit zu erreichen, muß sich über eine entsprechend hohe Kraftstoffrechnung nicht wundern.

Kein Verlaß ist dabei allerdings auf die Anzeige-Instrumente in den Cockpits moderner Autos, die dem Fahrer Auskunft über seinen Fahrstil geben sollen. Die Geräte mit den klangvollen Namen »Ökonometer«, »Gascontrol«, »Economy« oder einfach »Econ« haben nämlich einen entscheidenden Nachteil: Sie zeigen meist nur eine Verbrauchstendenz an. Exakte Liter-Werte vermag das Instrument nicht zu vermitteln. Der Grund dafür ist einfach. Das Anzeigegerät ist per Schlauch mit dem Ansaugtrakt des Motors verbunden. Dort registriert ein Meßfühler den Grad des für die Motorverbrennung notwendigen Unterdrucks. Der wiederum hängt wesentlich von der Gaspedalstellung ab. Wenig Gas bedeutet, daß die Drosselklappe kaum geöffnet ist und hoher Unterdruck herrscht. Der Motor konsumiert wenig Benzin. Beim Öffnen der Drosselklappe nimmt der Unterdruck ab und die Kolben saugen mehr Gemisch an. Folge: der Benzindurst des Motors steigt.

Diesen Motorzustand kann ein Ökonometer anzeigen. Er hat in der Praxis jedoch wenig mit dem tatsächlichen Verbrauch zu tun, denn der

Spritkonsum wird zudem wesentlich von der Motordrehzahl und der Getriebeübersetzung bestimmt, die das Anzeigegerät aber nicht berücksichtigt. Eine höhere Motordrehzahl bewirkt aber zwangsläufig einen höheren Verbrauch, da das Triebwerk häufiger Gemisch ansaugt. Dadurch steigt aber wiederum der Unterdruck, den das Ökonometer als Indiz für niedrigen Verbrauch aufnimmt und weitergibt. Und das, obwohl der Motor aufgrund hoher Drehzahl im gleichen Moment Unmengen an Treibstoff schluckt. Aus diesem Grund warnen manche Autohersteller davor, den Verbrauchsanzeigern bei einer Fahrt im dritten oder vierten Gang Glauben zu schenken. Halbwegs zuverlässige Angaben über die Verbrauchstendenz liefern die Instrumente der meisten Autofirmen nämlich nur im fünften Gang (bei Viergang-Modellen im vierten Gang).

Weitaus wirkungsvoller als die zweifelhaften Verbrauchsanzeiger erweisen sich demgegenüber die sogenannten Schalthilfen, die beispielsweise das Volkswagenwerk in einen Teil seiner Modelle installiert. Per gelber Leuchtdiode erfährt der Autolenker hier, wann er in den nächsthöheren Gang schalten und auf diese Weise die Motordrehzahl verringern kann. Die Schaltanzeige liefert verläßliche Informationen und gilt als nützliches Hilfsmittel für einen wirtschaftlichen Fahrstil.

Wie leicht Autofahrer durch vernünftige Fahrweise Sprit sparen können, beweist die Berechnung des ADAC: Wenn Sie auf der Autobahn nur rund fünf km/h unterhalb der erreichten Höchstgeschwindigkeit bleiben, sparen Sie bis zu zehn Prozent Kraftstoff ein. Wer das Spitzentempo seines Wagens regelmäßig gar um 20 Prozent unterschreitet, kann sich über eine Benzinersparnis von gut 30 Prozent freuen.

Daß »sportliche« Autolenker unnötig viel Energie vergeuden, zeigen schließlich auch realistische Verbrauchsmessungen aus dem Stadtverkehr: Bei Tempo 50 schluckt ein Automotor im ersten Gang beispielsweise satte 15,5 Liter Benzin pro 100 Kilometer, im zweiten Gang noch immer 7,5 Liter, im dritten Gang noch 5,5 Liter und im vierten Gang schließlich nur noch bescheidene 4,5 Liter Kraftstoff. Fazit: Energiebewußte Autobesitzer sollten nicht versuchen, Renn- und Rallyefahrer nachzuahmen, und den Motor nicht im hohen Drehzahlbereich quälen. Sie schalten stattdessen frühzeitig in den vierten oder fünften Gang und vermindern somit Lärmpegel, Schadstoffausstoß und Kraftstoffverbrauch spürbar.

Raser haben zudem gegenüber umweltfreundlichen Autofahrern

Umwelttips: Wie Autobesitzer den Benzinverbrauch ihres Wagens senken können

- Sparmaßnahmen am Motor: Kontrollieren Sie das Luftfilter des Motors regelmäßig mindestens einmal pro Jahr. Durch ein verschmutztes oder verstopftes Luftfilter erhöht sich der Spritverbrauch um bis zu zehn Prozent. Auch Mängel an der Zündanlage (Zündkerzen und Unterbrecherkontakte) wirken sich negativ auf die Benzinrechnung aus. Wer die Zündung regelmäßig überprüfen läßt, vermindert den Verbrauch um gut zehn Prozent. Spriteinsparungen von bis zu 20 Prozent erzielen Autobesitzer, die zusätzlich auch die Vergasereinstellung und das Ventilspiel des Motors unter die Lupe nehmen lassen. Nach dem Kaltstart schluckt jeder Benziner umgerechnet bis zu 40 Liter Benzin pro 100 Kilometer und pustet zudem Unmengen schädlicher Abgase (Kohlenmonoxid, Kohlenwasserstoffe und Blei) in die Umwelt. Lassen Sie den Motor deshalb nicht im Stand warmlaufen, sondern fahren Sie nach dem Kaltstart sofort los. Bereits nach vier Kilometern Fahrtstrecke vermindert sich der Verbrauch von rund 40 auf nur noch 10 Liter je 100 Kilometer. Verbrauch und Abgasemission lassen sich in Grenzen halten, wenn Sie den Choke frühzeitig nach dem Kaltstart etappenweise wieder zurückschieben.
- Sparmaßnahmen am Fahrwerk: Rund ein Sechstel seiner Energie verbraucht ein Automotor, um den Rollwiderstand zu überwinden. Dieser Wert liegt in der Praxis aber oft viel höher, weil falsche Reifen und zu niedriger Reifenluftdruck den Rollwiderstand unnötig erhöhen. Schon 0,5 bar Minderfülldruck sorgen für einen fünf Prozent höheren Spritkonsum. Breitreifen, wie sie von sportlichen Autolenkern bevorzugt werden, verschlechtern den Rollwiderstand zusätzlich.
- Sparmaßnahmen an der Karosserie: Ebenso wie der Rollwiderstand bestimmt auch der Luftwiderstand einer Autokarosserie den Benzinverbrauch. Schon ab Tempo 60 beeinflußt die Aerodynamik Ihre Benzinrechnung. Deshalb sollten umweltbewußte Autobesitzer den Luftwiderstand nicht unnötig durch Dachgepäckträger, Skiträger oder überlange Antennen verschlechtern. Ein unbeladener Dachgepäckträger verursacht immerhin einen gut zwölf Prozent höheren Spritverbrauch. Gleiches gilt auch unnötigem Ballast im Kofferraum: Wer ständig mit vollbeladenem Gepäckabteil durch die Lande kutschiert, zahlt wesentlich mehr Spritgeld als mit unbeladenem Kofferraum. Bereits eine 50 Kilogramm schwere Last steigert den Spritverbrauch um 0,5 Liter je 100 Kilometer.

- Sparmaßnahmen durch vernünftige Fahrweise: Wer stets mit Höchstgeschwindigkeit über die Autobahnen rast, pustet Unmengen gefährlicher Stickoxide in die Luft und verbraucht bis zu 30 Prozent mehr Benzin. Hohe Motordrehzahlen sind auch im Stadt- und Landstraßenverkehr unnötig. Schalten Sie deshalb frühzeitig in den nächsthöheren Gang und denken Sie bei der Tempowahl an den sterbenden Wald und an Ihre Spritrechnung. Übrigens: Bei ganz durchgetretenem Gaspedal und möglichst niedriger Motordrehzahl arbeitet ein Ottomotor mit dem günstigsten Wirkungsgrad und dem niedrigsten Verbrauch. Manche Autos lassen sich bei Vollgas im vierten und fünften Gang schon mit 1500 Umdrehungen pro Minute ruckfrei fortbewegen. Also: Vollgas kann durchaus auch vernünftig sein! Abgasemissionen und Benzinverbrauch lassen sich oft auch durch vernünftige Streckenplanung verringern. Meiden Sie Autobahnen oder Stadtstraßen, von denen immer wieder Stauungen gemeldet werden. Bei Ampelstops oder Aufenthalten im Stau sollten Sie auf jeden Fall den Motor abschalten. Das lohnt sich aus Umwelt- und Verbrauchsgründen schon bei Aufenthalten, die länger als 30 Sekunden dauern.
- Sparmaßnahmen durch überlegten Autokauf: Achten Sie beim Autokauf auf die Aerodynamik des Wagens. Cw-Werte von 0,30 bis 0,38 gelten für Neuwagen als zeitgemäß. Neben asbestfreien Brems- und Kupplungsbelägen, niedrigen Lärmwerten und der Möglichkeit, bleifreien Sprit zu tanken, sollte Ihr neues Auto auch unbedingt ein Fünf-Gang-Getriebe mit Schongang-Charakteristik besitzen. Das Spargetriebe vermindert den Verbrauch um bis zu zwölf Prozent. Der Kauf eines sparsamen Dieselmodells lohnt sich vor allem dann, wenn Sie viel im Stadt- oder Kurzstreckenverkehr unterwegs sind.

kaum Zeitvorteile. Während eines Tests im Stadtverkehr ermittelten Fachleute des ADAC beispielsweise nur minimale Zeitvorteile für die Schnellfahrer: Ein Testfahrer, der nach jedem Ampelstop wie ein Formel-1-Pilot davonbrauste, benötigte für die 28 Kilometer lange Testdistanz 32 Minuten Fahrzeit. Der sparsame Autolenker erreichte das Ziel nur unwesentlich später – in 39 Minuten. Dafür verbrauchte der Sparer aber gut drei Liter Kraftstoff weniger als der Raser (10,7 Liter pro 100 Kilometer gegenüber 7,7 Liter) und schonte seine Umwelt damit durch einen um 36 Prozent niedrigeren Schadstoffausstoß.

Auch auf der Autobahn fällt der Zeitgewinn einer Bleifußfahrt im Vergleich zum Mehrverbrauch kaum ins Gewicht: Wer statt mit 100 km/h mit Tempo 130 über die Schnellstraßen donnert, gewinnt pro 100 Kilometer Fahrtstrecke maximal acht Minuten, muß aber mit einem Benzinmehrverbrauch von gut zwei Litern je 100 Kilometer rechnen. Bei Vollgas sieht der Wettlauf gegen die Uhr noch anders aus: Rund 15 Minuten Zeitgewinn steht ein Mehrverbrauch von fast sieben Liter pro 100 Kilometer gegenüber. Vom erhöhten Stickoxidausstoß und dem Unfallrisiko bei Höchsttempo ganz zu schweigen.

Wie sehr auch andere Aspekte des Umweltschutzes und des Energiesparens vom persönlichen Fahrstil und anderen Faktoren abhängen, sollen Ihnen auch die nachfolgenden Umwelttips verdeutlichen.

Benzin
verbleit

16. Es geht auch ohne Blei

Mehr Umweltschutz dank bleifreiem Autobenzin

Mit Stadtplänen, Landkarten und Tankstellenverzeichnis bewaffnet, starten im Herbst 1984 zwei Reporter der Kölner Automobilzeitschrift *Auto Zeitung* zu einer ungewöhnlichen Testfahrt. Sie wollen ausprobieren, ob umweltfreundliches Autofahren hierzulande überhaupt möglich und ob die Versorgung mit bleifreiem Benzin ausreicht. Das Ergebnis der Probefahrt in einem Katalysatorauto fällt enttäuschend aus: Mit leerem Tank bleiben die Reporter spätabends in Erlangen liegen und müssen ihr Umweltauto notgedrungen bis zur nächsten Bleifrei-Tankstelle schieben.

Das war vor gut einem Jahr. Heute hätten die Testfahrer zweifellos bessere Karten: Während damals bundesweit nur rund 105 Spritstationen bleifreies Normalbenzin anboten, sind es heute weit über 1500 Tankstellenverwalter, die den neuen Trend im Benzingeschäft erkannt haben. Geriet die Fahrt mit einem Katalysatorwagen noch vor rund zwölf Monaten zu einem Tankabenteuer, so gibt es heute in der Bundesrepublik für umweltbewußte Autolenker nahezu keine Probleme bei der Spritversorgung mehr. Selbst weite Reisen auf die saubere Tour sind heutzutage möglich.

Leicht fiel den Mineralölgesellschaften und freien Tankstellenbetreibern die Umstellung auf den umweltfreundlicheren Kraftstoff nicht. Der verhältnismäßig geringen Kundennachfrage stehen nach wie vor Investitions- und Umbaukosten von rund 60000 Mark pro Spritstation gegenüber. Eine Rechnung, die bis heute nicht aufgegangen ist. Denn trotz des raschen Ausbaus eines nahezu flächendeckenden Netzes von Bleifrei-Tankstellen fallen die Verkaufszahlen für den neuen Sprit noch immer eher bescheiden aus: Nur etwa zwei bis drei Prozent der

◁ Gift im Sprit: Blei und andere Additive stellen eine Gesundheitsgefahr dar

Die Bleifrei-Tankstellen an der Autobahn

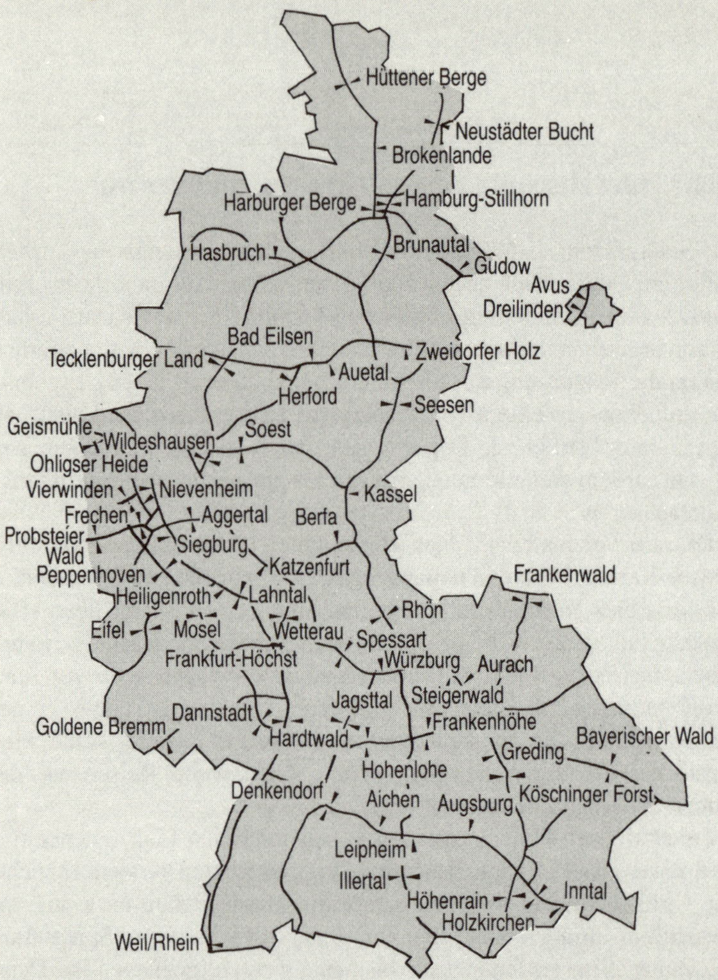

Abb. 15: Rund um die Uhr bieten diese Autobahn-Tankstellen an den bundesdeutschen Fernstraßen bleifreies Normalbenzin an. Probleme bei der Sprit-Versorgung gibt es damit für Besitzer von Katalysatorautos kaum noch. (Stand: Juni 1985)

insgesamt getankten Kraftstoffmenge in der Bundesrepublik fließen derzeit aus den Bleifrei-Zapfsäulen. »Wir sind dem Bedarf vorausgeeilt«, meint denn auch ein Sprecher der Mineralölindustrie und macht deutlich, daß man jetzt den weiteren Ausbau des Bleifrei-Netzes von den Verkaufszahlen der Katalysatorfahrzeuge abhängig macht.

Trotzdem: Die bundesweite Einführung des unverbleiten Benzins kann als wichtiger Schritt im Interesse eines besseren Umweltschutzes angesehen werden. Denn die rund 4500 Tonnen Blei, die Spritbrauer dem Benzin bislang beimischten, gelten als Gefahr für Natur und menschliche Gesundheit (siehe auch Seite 17). So macht das bleifreie Benzin nicht nur den Betrieb schadstoffarmer Katalysatorautos möglich, es verhindert auch weitere Schäden an Bäumen und Pflanzen und reduziert die Schadstoffbelastung des Bodens. Auf diese Bedeutung des umweltfreundlichen Treibstoffs wies vor Monaten der baden-württembergische Umweltminister Gerhard Weiser hin: In seinem Auftrag hatten Wissenschaftler der Landwirtschaftlichen Untersuchungs- und Forschungsanstalt Augustenberg in Autobahnnähe Boden- und Pflanzenproben entnommen und analysiert. Das Ergebnis: Der zulässige Blei-Grenzwert von 100 Milligramm pro Kilogramm Boden wird unmittelbar neben den Schnellstraßen um mehr als das Vierfache überschritten. Minister Weiser befürchtet, daß bei einem weiteren Anstieg der Bleikonzentrationen die Nahrungsmittelproduktion gefährdet sei und damit auch für die Bevölkerung das Risiko einer Bleivergiftung besteht.

Hohe Konzentrationen des gefährlichen Benzinbleis können nämlich nach neuesten wissenschaftlichen Erkenntnissen die Nervenzellen schädigen und krebserzeugend wirken. Somit stellt die rasche Verbreitung von bleifreiem Benzin auch einen wichtigen Beitrag in der Gesundheitsvorsorge dar. Erfahrungen aus den Vereinigten Staaten bestätigen diese Erkenntnis: Nach Einführung des bleifreien Benzins im Jahre 1975 sank der durchschnittliche Bleigehalt im Blut amerikanischer Bürger in nur vier Jahren um immerhin 37 Prozent. »Wir haben das Blei aus dem Benzin genommen und damit auch aus unserem Körper«, freut sich Vernon Houk, Chef der medizinischen Umweltbehörde in den USA.

Trotzdem ruhen sich die US-Umweltschützer nicht auf ihren Lorbeeren aus. Den Bleigehalt im herkömmlichen Benzin wollen sie während der kommenden Monate schrittweise drastisch reduzieren: Ab Mitte 1986 sind in den USA nur noch 0,02 Gramm Blei pro Liter Benzin

Auf einen Blick: Wer bleifreies Normalbenzin verträgt

Audi	Alle Normalbenzin-Motoren ab Baujahr 1978 können bleifreies Normalbenzin tanken. Ventilspiel alle 7500 km prüfen.
Citroen	Für den Betrieb mit bleifreiem Normalbenzin sind die Modelle Visa 1,1 (Fahrgestell-Nr.: VDVK) und BX 1,6 (Fahrgestell-Nr.: XBXK) geeignet.
Daihatsu	Bleifreitauglich sind die Modelle Cuore, Charade (Turbo), Charmant und Wildcat F 80 L.
Fiat	Bleifreies Normalbenzin können die Typen 126 und Panda 34 tanken.
Honda	Ab Baujahr 1976 sind die Modelle Civic 1,2/1,3/1,5 S, Accord, Jazz, Prelude und Quintet bleifreitauglich.
Lada	Alle Modelle können Bleifrei-Sprit tanken.
Mazda	Ab Baujahr 1982 können alle Normalbenzin-Typen unverbleiten Treibstoff tanken.
Mitsubishi	Ab Baujahr 1977 vertragen alle Modelle bleifreien Sprit.
Nissan	Alle Normalbenzin-Modelle sind bleifreitauglich.
Opel	Fahrzeuge mit 1,3 N-, 1,6 N- und 1,8 N-OHC-Motoren sind für den Betrieb mit bleifreiem Normalbenzin geeignet.
Renault	Unverbleiten Normalsprit vertragen die Modelle R 9 GTL und R 11 GTL (beide ab 1983).
Subaru	Alle Normalbenzinmodelle sind bleifreitauglich.
Toyota	Ab Baujahr 1982 sind alle Normalbenzinmodelle für den Betrieb mit bleifreiem Benzin geeignet.
Volkswagen	Ab Baujahr 1977 können alle VW-Modelle für Normalbenzin bleifreien Treibstoff tanken. Ausnahme: der VW Käfer!

erlaubt. Ab 1988 dürfen die amerikanischen Tankwarte dann nur noch bleifreien Sprit verkaufen. In der Bundesrepublik nimmt man die Reduzierung des Bleigehalts im Autobenzin nicht ganz so genau: Herkömmlicher Treibstoff darf hierzulande 0,15 Gramm Blei je Liter enthalten, für bleifreies Benzin gilt ein Höchstwert von 0,01 Gramm.

Die Verbannung des Antiklopfmittels Blei stellt Motorenbauer und Benzinfirmen allerdings vor große Probleme. Die gesetzlich verordnete Bleientziehungskur zwingt die Techniker, ganz tief in ihre Trickkisten zu greifen und nach Ersatzstoffen zu suchen. Motoreningenieure und Benzinchemiker kommen sich jedoch bei der Bewältigung dieses Problems auf halbem Weg entgegen. Um der Gefahr von Fehlzündungen durch den Bleientzug vorzubeugen, nehmen die Autobauer das Verdichtungsverhältnis der Motoren zurück und machen auf diese Weise den Bleimangel zum Teil wett. Die Benzinbrauer mischen dem Treibstoff wiederum statt Blei chemische Stoffe bei und erreichen dadurch eine relativ gute Klopffestigkeit. Tertiärbutylalkohol (TBA) und Methyltertiärbuthyläther (MTBE) heißen die neuen Zauberformeln bei der Suche nach Bleiersatzstoffen.

Dank dieser sauerstoffhaltigen Zusätze wird bleifreies Benzin auch für zahlreiche Autos ohne Abgaskatalysator und spezielle Motorsteuerung verträglich. Wer beispielsweise einen zwei oder drei Jahre alten VW Golf (Normalbenzin) besitzt, kann auch ohne komplizierte Umrüstung seinen Beitrag zum Umweltschutz leisten und bleifreien Sprit tanken. Beispiele für Automodelle, die auch ohne Katalysator bleifreien Normalsprit konsumieren können, nennt die Tabelle auf Seite 130.

Umweltfreundlich autofahren können freilich auch solche Führerscheinbesitzer, deren fahrbarer Untersatz Superbenzin konsumiert. Wer ein solches Auto mit bleifreiem Sprit füttern möchte, muß allerdings unverbleiten Superkraftstoff tanken, der hierzulande aber leider noch Mangelware ist: Nur etwa 60 markenfreie Tankstellen bieten die hochoktanige Ware derzeit an, und die großen Ölgesellschaften sehen vorerst keinen Bedarf, bleifreien Supersprit anzubieten. Trotzdem: Zahlreiche Automobilhersteller haben ihre unentgifteten Modelle bereits für den Betrieb mit unverbleitem Superbenzin freigegeben. Welche Autotypen dazu unter anderem zählen, zeigt die Tabelle auf Seite 132.

Grundsätzlich gilt für alle Autobesitzer, die ihren Wagen mit bleifreiem Sprit füttern wollen: Erkundigen Sie sich vorher bei Ihrem Vertragshändler nach den technischen Möglichkeiten. Oftmals muß für den Bleifreibetrieb die Zündung anders eingestellt werden oder das Ventilspiel in kürzeren Zeitabständen überprüft werden. Die Fachwerkstatt kann solche Fragen individuell am besten beantworten.

Seit April 1985 versucht die Bundesregierung das Geschäft mit dem

Auf einen Blick: Wer bleifreies Superbenzin verträgt

Austin	Die Modelle Acclaim und Rover 213 und Rover 35 sind bleifreitauglich.
Citroen	Mit Ausnahme der Modelle Visa 1,2, CX 2000 (bis 1979), CX 2200 und CX 2400 können alle Modelle bleifreies Superbenzin tanken.
Ford	Die Modelle Fiesta 1,3/1,6, Escort 1,3/1,6, Orion 1,3/1,6, Sierra 1,6/1,8/2,0, Granada 2,0/2,3 und Scorpio (alle Typen) sind für den Betrieb mit bleifreiem Super geeignet.
Honda	Nach einer Korrektur der Motoreinstellung können der Jazz (56 PS) und Civic CRX bleifrei betrieben werden.
Mercedes	Für den Bleifrei-Betrieb (Super) sind die Modelle 190, 190 E, 200, 230 E, 260 E, 300 E, 280 E (altes Modell), 280 SE, 380 SE und 500 SE geeignet.
Opel	Nach Veränderung der Zündeinstellung sind die Typen mit den 1,2-, 1,8 S- und 1,8i-Motoren bleifreitauglich, wenn Treibstoff mit 98 Oktan getankt wird.
Peugeot	Alle Fahrzeuge des Modelljahrgangs 1985 können bleifrei betrieben werden.
Saab	Wenn Treibstoff mit 98 Oktan getankt wird, sind alle Modelle bleifreitauglich.

bleifreien Benzin noch zusätzlich anzukurbeln: Eine Verringerung der Mineralölsteuer um zwei Pfennig je Liter unverbleiten Sprits soll noch mehr Autofahrern die Entscheidung an der Zapfsäule leichter machen. Doch trotz des leichten Steuervorteils müssen die Tankkunden für den Liter umweltfreundlichen Normalbenzins noch durchschnittlich zwei bis drei Pfennig mehr bezahlen als für herkömmlichen Treibstoff. Die Änderung der Steuersätze für bleifreien Sprit beschert allerdings dem Bundesfinanzminister saftige Mehreinnahmen. Der Grund: Während die Steuer für bleifreies Benzin um zwei Pfennig sank, erhöhten die Finanzpolitiker den Steuersatz für herkömmlichen Sprit wiederum um zwei Pfennig je Liter. Doch weil die Mehrzahl aller Autobesitzer auf bleihaltiges Benzin angewiesen ist – derzeit sind nach ADAC-Meinung

Umwelttips: Was Autobesitzer zum Thema »Bleifrei« beachten sollten

- Die Bleiverbindungen (Bleiteraethyl), die dem Benzin als Antiklopfmittel beigemischt werden, zählen zu den gefährlichsten Umweltgiften. Jährlich pusten deutsche Autos rund 3500 Tonnen Blei aus den Auspuffrohren.
- Ein Auto, das zehn Liter Benzin pro 100 Kilometer konsumiert, bläst auf dieser Strecke 10 Milligramm Blei ins Freie. Deshalb: Erkundigen Sie sich, ob Sie Ihren Wagen mit bleifreiem Benzin fahren können. Auskünfte darüber erteilt Ihre Fachwerkstatt oder die Herstellerfirma des Wagens.
- Übermäßig hohe Bleimengen pusten die Automotoren besonders nach dem Kaltstart ins Freie. Ein Grund mehr, das kalte Autotriebwerk nicht unnötig lange warmlaufen zu lassen, sondern sofort nach dem Startvorgang loszufahren.
- In der Bundesrepublik bieten derzeit etwa 1500 Tankstellen den umweltfreundlicheren Treibstoff an. Adressenverzeichnisse dieser Spritstationen gibt es in allen ADAC-Büros und von vielen Automobilherstellern. Eine Karte mit allen Bleifreistationen der Bundesrepublik und des europäischen Auslands ist beim ADAC, Am Westpark 8 in 8000 München 70, erhältlich.
- An den Bundesautobahnen versorgen mittlerweile 96 Tankstellen die Autofahrer mit bleifreiem Normalbenzin. Achten Sie auf die blauen Hinweistafeln mit der schwarzen und grünen Zapfsäule. An diesen Autobahnstationen gibt es bleifreien Sprit.

nur rund zehn Millionen Autos bleifreitauglich –, bringt die Steuererhöhung den Bundesländern Mehreinnahmen von rund 600 Millionen Mark. Dies hat der Deutsche Touring Club ausgerechnet, der den Steuerausfall durch die Vergünstigung für bleifreies Benzin auf bescheidene zehn Millionen Mark schätzt. Doch trotz technischer Probleme und Mehrkosten ist das umweltfreundliche Benzin auf dem Vormarsch. Auch in vielen europäischen Nachbarstaaten ist die Einführung des neuen Sprits längst beschlossene Sache:

- In Österreich gibt es seit April 1985 in jeder Landeshauptstadt bleifreien Sprit. Ab November soll es in der Alpenrepublik nur noch bleifreies Normalbenzin (91 Oktan) und bleihaltigen Superkraftstoff (98 Oktan) geben.

• In der Schweiz bieten schon rund 300 Tankstellen bleifreies Normalbenzin an. Ab 1. Juli 1986 ist dort der Verkauf von bleihaltigem Normalsprit generell verboten.
• In den Niederlanden soll die Versorgung mit umweltfreundlichem Autotreibstoff ab Oktober 1986 flächendeckend sein.
• Italien plant ein »dichtes« Bleifrei-Netz bis Juli 1986.
• Frankreich will Tankstellen an den wichtigsten Autobahnen umrüsten.
• In Dänemark bieten gegenwärtig 24 Spritstationen bleifreies Benzin an.
• In Belgien gibt es bereits acht Bleifrei-Stationen.
• In Luxemburg stehen drei Bleifrei-Tankstellen zur Verfügung.
• In Schweden bieten 30 Tankstellen unverbleiten Sprit an.
• In der DDR gibt es an den Transitstrecken acht Bleifrei-Tankstellen.

Fazit: Wenn Bundesinnenminister Zimmermann meint, »der Durchbruch für das bleifreie Benzin ist erreicht«, so hat der Politiker zweifellos recht. Autofahrer, die schon heute auf das umweltfreundliche Benzin umsteigen können, tragen wesentlich zur Verringerung der Luftverschmutztung bei: Blei ist ein gefährliches Umweltgift, das Menschen, Tiere, Bäume und Pflanzen nachhaltig schädigt. Der geringe Mehrpreis für das unverbleite Autobenzin sollte für umweltbewußte Autofahrer kein Grund sein, weiterhin giftiges Blei aus dem Autoauspuff strömen zu lassen.

Auf welches Umweltgift Autofahrer beim Tanken außerdem noch achten sollten, verrät das folgende Kapitel.

17. Giftgefahr beim Tanken

Benzindämpfe gelten als Gesundheitsrisiko

Wenn in der Bundesrepublik alle Tankstellenverwalter ihre Spritstationen auf bleifreies Benzin umgerüstet haben, dann dürften Amerikas Benzinverkäufer in Sachen Umweltschutz schon einen wichtigen Schritt weiter sein. Im Land der unbegrenzten Möglichkeiten hat man nämlich jetzt neben dem Benzinblei einem weiteren Umweltgift im Autotreibstoff endgültig den Kampf angesagt: dem Benzol. Ein neues US-Gesetz, das bereits im sonnigen Bundesstaat Kalifornien und in der Hauptstadt Washington gilt, schreibt den amerikanischen Tankstellen die Installation neuartiger Zapfsäulen vor. Sie sollen das Entweichen giftiger Benzoldämpfe verhindern.

Das umstrittene Benzol gehört zur Gruppe der aromatischen Kohlenwasserstoffe und gilt seit Jahren neben dem Antiklopfmittel Blei als Benzinzusatz. Als sogenannte leichtflüchtige Verbindung entweicht Benzol aus den Entlüftungssystemen der Kraftstoffbehälter und beim Tanken der Autos als Dampf, dessen typischer Geruch sicher jedem Autofahrer bekannt ist. Medizinisch betrachtet, sind diese Benzoldämpfe jedoch alles andere als unbedenklich: Das Einatmen des Umweltgifts gilt als stark gesundheitsgefährlich. Schon in kleinen Konzentrationen bewirkt Benzol Störungen im Blutbild und verursacht eine Verringerung der roten Blutkörperchen. Wer jahrelang Benzol- oder Kraftstoffdämpfen ausgesetzt ist, muß mit einem erhöhten Krebsrisiko rechnen – häufig sind Leukämie (Blutkrebs) und Kehlkopfkrebs die schlimmen Folgen einer längeren Benzoleinwirkung. Die gefährliche Wirkung des Benzinzusatzes konnte die amerikanische Umweltbehörde durch Tierversuche eindeutig nachweisen und verlangt deshalb von den US-Politikern eine rasche Verabschiedung des Anti-Benzol-Gesetzes.

Die Verordnung sieht unter anderem vor, daß Amerikas Tankwarte Zapfpistolen installieren, die das Entweichen der giftigen Benzoldämpfe verhindern. Eine spezielle Gummikappe sorgt dabei zunächst dafür, daß Sprithahn und Einfüllstutzen des Autos gasdicht verschlossen sind. Die benzolhaltigen Dämpfe werden dann mittels eines Unterdrucksystems durch einen zweiten Gummischlauch an der Zapfpistole in den Lagertank der Benzinstation zurückgesaugt. Dort gibt es dann für das Benzol spezielle Auffangvorrichtungen, die eine umweltgerechte Vernichtung des Giftstoffs möglich machen.

Das Risiko einer Benzolvergiftung droht indes nicht nur amerikanischen Tankwarten und Autofahrern. Auch hierzulande stellen die Kraftstoffdämpfe schon seit langem ein ernstzunehmendes Umweltproblem dar. Immerhin fallen in der Bundesrepublik jährlich über eine Million Tonnen Benzol an, die bei der Koksherstellung (zu 25 Prozent) und der Verarbeitung von Erdöl (zu 75 Prozent) gewonnen werden und einen wichtigen Basisstoff für die chemische Industrie darstellen. Das giftige Benzinzusatzmittel entweicht nicht nur beim Tanken. Auch aus den Auspuffrohren unserer Autos strömen jährlich Unmengen schädlicher Benzolabgase. Umweltfachleute haben ermittelt, daß die jährliche Benzolbelastung durch Kraftfahrzeugabgase bei rund 60000 Tonnen liegt. Abhilfe schafft auf diesem Gebiet nur ein Gerät, dessen obligatorische Einführung aber leider noch viele Jahre auf sich warten läßt: Der Abgaskatalysator verringert den Benzolanteil im Auspuffgas um rund 90 Prozent.

Während die zunehmende Verbreitung von Katalysatorfahrzeugen in Sachen Benzolbekämpfung zumindest einen Lichtblick darstellt, sieht es auf dem Sektor der benzolhaltigen Betankungsverluste hierzulande düster aus. Gesetzliche Maßnahmen zur Umrüstung der Tankstellen nach amerikanischem Vorbild sind für die Bundesrepublik vorerst nicht in Sicht. An Vorschlägen, wie sich die Benzoldämpfe an Tankstellen auffangen lassen, hapert es allerdings nicht. Schon vor Monaten legten Experten des Berliner Umweltbundesamtes dem Innenministerium in Bonn ein Konzept zur Umrüstung der Zapfpistolen vor. Dem Vorschlag zufolge sollen die Tanköffnungen der Autos künftig so konstruiert werden, daß sich die Sprithähne der Tankstellen mittels Bajonettverschluß fest mit dem Einfüllstutzen verschrauben lassen. Auf diese Weise entsteht ein gasdichtes System, das Benzoldämpfe zurückhält und über eine zweite Leitung in den Lagertank führt. Möglich wäre überdies auch die Installation spezieller Filtersysteme, die den Kraftstoffdampf auffangen und unschädlich machen.

Kein Zweifel: Diese umweltgerechte Umrüstung aller bundesdeutschen Tankstellen würde Unsummen verschlingen. Experten schätzen, daß die Installation neuer Zapfpistolen und zusätzlicher Leitungssysteme für den Benzindampf pro Spritstation rund 60000 Mark kostet. Grund genug für die Beamten im Bundesinnenministerium, die Benzolpläne des Umweltbundesamtes vorerst auf Eis zu legen. »Wir müssen Prioritäten setzen«, entschuldigt sich ein Ministeriumssprecher. »Zunächst erscheint uns die Einführung schadstoffarmer Personenwagen wichtiger zu sein. In einigen Jahren werden wir uns dann an die Verringerung der Benzolemissionen heranwagen.«

Mehrkosten und die Verabschiedung neuer Umweltschutzgesetze halten die Behörden offenbar auch davor zurück, die Automobilhersteller zum Einbau neuartiger Tankentlüftungen in ihre Neuwagen zu zwingen. Solche Systeme, die deutsche Firmen schon seit Jahren in Exportfahrzeuge für den amerikanischen und japanischen Markt einbauen, verhindern, daß Kraftstoffdämpfe beim Tanken in die Umwelt gelangen und dort die Gesundheit der Menschen gefährden.

Mediziner und Umweltschützer fordern bei der Verringerung des Benzolanteils in der Atemluft allerdings mehr Eile vom Gesetzgeber. Mit gutem Grund: Von jedem Liter Benzin, der an einer bundesdeutschen Tankstelle verzapft wird, entweichen derzeit rund 0,15 Prozent als giftiges Benzol in die Umwelt. Über dem Gelände einer modernen Selbstbedienungs-Tankstelle, aus deren Sprithähnen pro Monat rund 200000 Liter Vergaserkraftstoff fließen, schwebt demzufolge theoretisch eine Giftwolke, die mehr als 230 Kilogramm hochgiftiges Benzol enthält.

Als gesetzliche Maßnahme zur Reduzierung dieser Gesundheitsgefahr ist vorerst aber nur ein mehr oder minder fragwürdiges Benzol-Gesetz in Sicht. Vor rund zwei Jahren kündigte das Bonner Innenministerium an, man wolle den Benzolgehalt im Autobenzin einschränken: von bisher neun auf nur noch maximal fünf Prozent.

Doch weil die Bundesregierung eine solche Verordnung nicht im Alleingang und ohne die Zustimmung der Brüsseler EG-Kommission verabschieden kann, schlummert der Bonner Vorschlag bis zu einer europaweiten Einigung in den Schubladen der Kommission. Fachleute sehen in diesem Plan allerdings keinen Nutzen für Umwelt und Gesundheit. Eine gesetzliche Beschränkung des Benzolanteils auf fünf Prozent gilt in Fachkreisen als praxisfremd: Bei Stichprobenkontrollen entdekken die Umweltbehörden schon jetzt kaum mehr als 3,3 Prozent Benzol im deutschen Autotreibstoff.

Umwelttips: Was Autofahrer an der Tankstelle beachten sollten

- An Tankstellen herrscht durch giftige Benzindämpfe eine erhöhte Gesundheitsgefahr. Vermeiden Sie es deshalb, diese Dämpfe unmittelbar einzuatmen.
- Sprudelt das Benzin aus der Zapfpistole in den Autotank, verdrängt der Kraftstoff den Benzindampf im Tank. Der Dampf gelangt über die Tankentlüftung und den Einfüllstutzen ins Freie.
- Lassen Sie den Griff der Zapfpistole deshalb einrasten und gehen Sie während des Tankvorgangs zur Seite. Der Treibstoff läuft dann von selbst in den Tank – die Zapfautomatik verhindert ein Überlaufen. Bleiben Sie niemals unmittelbar neben dem Einfüllstutzen des Autos stehen, denn dort müssen Sie mit hohen Benzolkonzentrationen rechnen.
- Beenden Sie den Tankvorgang bereits nach dem Abschalten der Zapfautomatik. Verzichten Sie darauf, den Spritbehälter des Wagens randvoll zu tanken, denn dabei müssen Sie zwangsläufig giftige Kraftstoffdämpfe einatmen.
- Benzin sollten Sie niemals verschütten, denn auch dabei entstehen gefährliche Dämpfe. Den Hautkontakt mit dem Kraftstoff sollten Sie ebenfalls vermeiden: Vorsicht beim Auffüllen von Benzinkanistern!
- Nehmen Sie die Zapfpistole möglichst im steilen Winkel aus dem Einfüllstutzen des Autos. Auf diese Weise vermeiden Sie, daß Benzin aus dem Sprithahn tropft.
- Hohe Benzolkonzentrationen bilden sich vor allem dann, wenn der Kraftstofftank erwärmt ist. Im Sommer darf der Tank deshalb niemals bis zum Stehkragen aufgefüllt werden.
- Überlegen Sie sich beim nächsten Autokauf die Anschaffung eines Katalysatormodells. Das Abgasfilter reduziert den Anteil des giftigen Benzols im Abgas um gut 90 Prozent.

Wesentlich wirkungsvoller dürfte demgegenüber aber der Vorstoß der amerikanischen Regierung sein: Sie will künftig die Beimischung von Benzol in bleifreiem Kraftstoff auf höchsten 1,5 Prozent beschränken.

Doch nur mit einer drastischen Benzolbeschränkung ist es noch nicht getan. An den Tankstellen sorgen nämlich neben Benzol und Blei auch andere Benzinzusätze für ein erhöhtes Gesundheitsrisiko. So zum Beispiel die in Autofahrerkreisen völlig unbekannten Additive 1,2-

Dibromethan und 1,2-Dichlorethan, deren Dämpfe giftig und krebserzeugend sind. Das Dibromethan soll die Bleiablagerung im Motor verhindern, während Dichlorethan zur Vermeidung von Fehlzündungen und Motorklopfen dem Benzin beigemischt wird. Je nach eingeatmeter Menge lösen diese Stoffe schon nach kurzer Zeit Kopfschmerzen, Übelkeit, Bewußtlosigkeit und Leberschäden aus. Einziger Lichtblick: Bleifreier Kraftstoff enthält diese gefährlichen Additive nicht.

Daß Autofahrer, die ihren Wagen auf Gasbetrieb umgerüstet haben, nicht mit ähnlichen Gefahren beim Tanken leben müssen, schildert das folgende Kapitel.

BP auto

18. Gasgeben mit Gas

Flüssiggas als umweltfreundlicher Alternativ-Treibstoff?

Rund 25000 deutsche Autofahrer kümmert die Frage nach der Einbaumöglichkeit eines Katalysators oder Rußfilters nicht. Sie haben ihren Beitrag zum Umweltschutz bereits geleistet und füttern ihr Auto mit einem sauberen Alternativtreibstoff: mit Flüssiggas. Vor rund sechs Jahren hielt dieser preisgünstige Benzinersatz Einzug in die deutsche Autofahrerwelt. Weil die Ölpreise nahezu unaufhaltsam in die Höhe schnellten, entdeckten Autobesitzer das Gas als weitaus preiswerteren Treibstoff für Personenwagen. An dieser Tatsache hat sich bis heute nichts geändert: Ein Liter Autogas kostet derzeit nur rund eine Mark und ist damit deutlich billiger als bleifreies Normalbenzin.

Jenseits bundesdeutscher Grenzen feiert der Alternativtreibstoff allerdings noch größere Erfolge. In den Niederlanden und Belgien, wo Autogas nur etwa 65 Pfennig je Liter kostet, geben schon seit vielen Jahren Hunderttausende von Autofahrern auf diese neue Art und Weise Gas. Über Italiens Straßen rollen derzeit sogar weit über eine Million »Gastanker«.

Das Antriebmittel Autogas firmiert in Westeuropa auch unter dem Kürzel LPG (Liquified Petroleum Gas) und besteht aus einer Mischung von Butan und Propan. Im Erdreich liegen Öl und Gas eng beeinander. Treffen Ölsucher auf eine unterirdische Lagerstätte, so schießt meist zuerst das Gas aus dem Bohrloch in die Höhe. Während die Ölförderländer das Gas noch vor Jahren nutzlos abfackelten und lediglich das Erdöl an die Erdoberfläche pumpten, haben sie den Ölersatz jetzt ebenfalls als gewinnbringenden Rohstoff erkannt und bereiten das Gas zu LPG auf. Rund 98 Prozent der gesamten Flüssiggasmenge gewinnen

◁ Mobil durch Gas: Dieser sportliche Versuchswagen besitzt einen Flüssiggas-Antrieb

die Ölfirmen aus dem Naturgas. Weitere zwei Prozent LPG entstehen bei der Verarbeitung von Rohöl in der Raffinerie. Dank seiner hohen Oktanzahl von 111 (verbleites Superbenzin hat 99 Oktan) ist Gas für den Einsatz als Autotreibstoff hervorragend geeignet.

Mehr noch: Im Gegensatz zum Benzin verbrennt LPG in den Brennräumen des Motors nahezu rückstandsfrei – die Abgase gasbetriebener Autos sind demzufolge sauberer als die von Benzinern. Bei der Verbrennung von Autogas entstehen nach Meinung der Umweltfachleute im Vergleich zum Benzin bis zu 80 Prozent weniger Kohlenmonoxid und bis zu 50 Prozent weniger Kohlenwasserstoffe. Außerdem enthalten die Gasabgase keinen Ruß, kein Schwefeldioxid, kein Blei und auch kein Benzol. Gründe genug für den Sachverständigenrat für Umweltfragen, Gasantriebe für Personenwagen mit dem Umweltschutzzeichen »Blauer Engel« auszuzeichnen.

Die vom Deutschen Verband für Flüssiggas e. V. und der Arbeitsgemeinschaft Autogas zusammengestellten Schadstoffwerte (siehe Grafik), die auf dem Abgasprüfstand bei einer Geschwindigkeit von maximal 50 km/h ermittelt wurde, dürfen indes nicht über einen Nachteil des Gasantriebs hinwegtäuschen. Bei höherer Geschwindigkeit, sprich bei Autobahntempo, pusten Gasmobile Unmengen schädlicher Stickoxide ins Freie. Ein Schadstoffvergleich der Verbraucherzeitschrift *DM* beweist: Bei Tempo 150 strömen aus dem Auspuff eines gasbetriebenen VW Golf mit 75 PS mehr Stickoxide als aus dem Auspuffrohr eines herkömmlichen VW Golf mit Benzintriebwerk und 55 PS Leistung. Auf dem Rollenprüfstand registrierten die Zeitungsleute bei 150 km/h 1,89 Gramm Stickoxide pro Kilometer, die der Gas-Golf ausspuckte. Demgegenüber pustete der Benziner »nur« 1,86 Gramm Stickoxide pro Kilometer in das Abgasgerät.

Fazit: Im Stadt- und Kurzstrecken-Verkehr, wo nur selten Geschwindigkeiten von über 100 km/h gefahren werden, stellt der Gasantrieb durchaus eine umweltfreundliche Alternative dar. Auf der Autobahn rechtfertigt der hohe Stickoxidausstoß das Prädikat »umweltfreundlich« sicher nicht, denn die Stickoxide gelten als Mitverursacher der Waldschäden. Eine Konkurrenz für das Katalysatorauto stellen die Gasmobile damit zweifellos nicht dar.

Der Vergleich zum schadstoffarmen Auto mit Abgasfilter offenbart auch in puncto Umbaukosten und Verbrauch Nachteile des Gasantriebs. Wer seinen fahrbaren Untersatz nämlich mittels LPG antreiben möchte, muß sich zuvor in einer Fachwerkstatt eine spezielle Gasan-

Schadstoffvergleich: Gasmobil contra Benziner

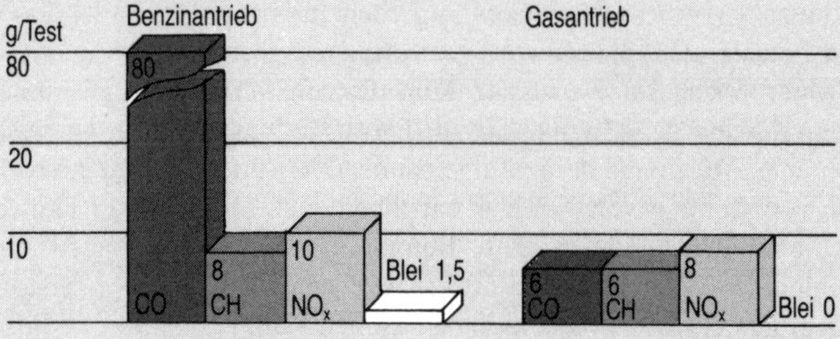

Abb. 16: Der Schadstoffausstoß eines gasbetriebenen Personenwagens ist auf dem Rollenprüfstand wesentlich geringer als der eines Benzinmodells. Die Werte für Kohlenmonoxid (CO), Kohlenwasserstoffe (CH), Stickoxide (NO_x) und Blei liegen für das Gasauto beim ECE-Test (Angaben in Gramm pro Test) um mehr als 80 Prozent unter denen des Benziners. Bei höherer Geschwindigkeit steigt jedoch auch beim umweltfreundlichen Gasmobil der Stickoxidausstoß rapide an. (Quelle: DVFG/Arbeitsgemeinschaft Autogas)

lage einbauen lassen. Dazu gehört unter anderem ein zusätzlicher 90-Liter-Gastank, der im Kofferraum untergebracht wird und dort etwa ein Drittel des Raumangebots beansprucht. Alles in allem kostet die Installation einer solchen Gasanlage rund 2000 bis 2300 Mark. Der Mehrpreis eines Katalysatorautos liegt vielfach aber durchschnittlich bei 1500 bis 1800 Mark.

Das Gaswerk im Auto arbeitet zudem längst nicht so wirtschaftlich wie ein reiner Ottomotor. Besitzer von Gasautos müssen mit einem Mehrverbrauch von bis zu 25 Prozent rechnen: Bei einem Gasanlagentest der *Auto Zeitung* konsumierte das Testauto, ein Opel Senator 3,0 E, im Gasbetrieb zwischen 17,2 und 18,2 Litern pro 100 Kilometer gegenüber 14,2 Liter bei Benzinbetrieb. Hinter dem Konsumplus stecken physikalische Gründe: Flüssiggas hat einen geringeren Heizwert als Benzin, so daß ein Gasauto für die gleiche Leistung mehr Energie benötigt als ein Benzinmodell. Doch auch im sogenannten bivalenten Betrieb – Gasmobile können sowohl mit Benzin als auch mit LPG gefahren werden – steigt der Benzinverbrauch des Alternativautos. Der Grund: Gastank und Gasanlage erhöhen das Fahrzeuggewicht um durchschnittlich 75 Kilogramm und damit auch den Spritdurst.

Umwelttips: Was Autobesitzer zum Gasantrieb wissen sollten

- Autogas stellt eine umweltfreundliche Alternative für den Stadt- und Kurzstreckenverkehr dar. Die Kohlenmonoxid- und Kohlenwasserstoffemissionen der Gasmobile sind wesentlich geringer als die herkömmlicher Benzinmodelle. Bei Autobahntempo pusten jedoch auch Gasautos hohe Stickoxidmengen in die Luft.
- Für Geschäftswagen, Taxis oder Lieferautos, die viel im Kurzstrekkenverkehr unterwegs sind, lohnt sich die Gasumrüstung. Die Einbaukosten amortisieren sich laut ADAC-Berechnungen nach rund 70000 Kilometern.
- Die Finanzämter gewähren Besitzern von Gasmobilen Steuervorteile: Statt 18,80 Mark je 100 Kubikzentimeter Hubraum zahlen Gas-Fahrer nur 13,20 und gelten als »bedingt schadstoffarm«.
- Die Umrüstung auf Gasbetrieb ist theoretisch bei allen Fahrzeugen mit Verbrennungsmotor möglich. Aus technisch-wirtschaftlichen Gründen sollten nur Neuwagen umgerüstet werden. Hochverdichtete Motoren, die normalerweise Superbenzin konsumieren, sind für die Umrüstung besonders geeignet.
- Gasanlagen liefern in der Bundesrepublik unter anderem die folgenden Firmen: Autogas-Systeme GmbH, Grüner Weg 4-6, 4180 Goch-Asperden, Carat Gas GmbH, Karl-Bamler-Straße 1, 5600 Wuppertal 22, BWD-Automotive GmbH, Steindamm 71, 2000 Hamburg, Lovato Deutschland GmbH, Ohmstraße 20, 8000 München 40, MSG-Autogasanlagen GmbH, Straelener Straße 50a, 4173 Kerken, Vialle Vertriebs GmbH, Industrieweg 43–63, 4400 Münster. Die verschiedenen Gassysteme werden zu unterschiedlichen Preisen angeboten. Preisdifferenzen von bis zu 700 Mark sind keine Seltenheit. Ein Preisvergleich lohnt sich also.
- Den Einbau einer Gasanlage muß das zuständige Straßenverkehrsamt nach einer TÜV-Überprüfung in die Fahrzeugpapiere eintragen. Andernfalls erlischt die Allgemeine Betriebserlaubnis.
- Ausführliche Informationen zum Thema Autogas enthält eine Broschüre des ADAC-Nordrhein (Alteburger Straße 375, 5000 Köln 51). Das Verzeichnis aller Gastankstellen im In- und Ausland ist dort kostenlos erhältlich.

Einen Vorteil hat diese Doppelversorgung (Benzin und Gas) allerdings doch: Bivalente Autos haben dank der Umschalttechnik auf Benzin- oder Gasbetrieb eine wesentlich höhere Reichweite als Fahrzeuge mit einfachem Antriebssystem.

Im Gegensatz zum bleifreien Benzin ist die Versorgung der Autofahrer mit Autogas europaweit gesichert. In der Bundesrepublik bieten mittlerweile rund 700 Tankstellen Flüssiggas an, den Alternativtreibstoff gibt es aber auch in Belgien, Dänemark, Frankreich, Griechenland, Großbritannien, Irland, Italien, Jugoslawien, Luxemburg, Niederlande, Norwegen, Österreich, Schweden, Schweiz und Spanien. Nach ADAC-Mitteilung können Autourlauber europaweit an etwa 7000 Tankstellen Gas bunkern.

Daß nicht nur der Gasantrieb geeignet ist, die Schadstoffbelastung in unseren Innenstädten zu verringern, beschreibt das folgende Kapitel.

Möbel
Goebels
HOTEL
REGENT
HT 545

19. Mehr Grün durch grüne Welle

Sinnvolle Ampelschaltungen verbessern die Luft

Im Stadtverkehr sehen viele Autofahrer Rot. Und das im Wortsinne: Hunderte von Verkehrsampeln machen nämlich in den Großstädten eine gleichmäßige Fahrweise nahezu unmöglich. Immer wieder zwingen die ungeliebten Lichtzeichen zum Abbremsen. Die vielzitierte »grüne Welle« kennen Autobesitzer oft nur aus dem theoretischen Fahrschulunterricht – in der Praxis sind sinnvolle Ampelschaltungen eher eine Seltenheit. Der durch die Rotlichter verursachte Stop-and-Go-Verkehr kostet mehr als nur Nerven. Die falsche Ampelsteuerung kostet Deutschlands Autofahrer zugleich auch Unmengen kostbaren Treibstoffs. Die Deutsche Straßenliga in Bonn hat hochgerechnet, wieviel sich bei grüner Welle einsparen läßt: Kraftstoff im Gesamtwert von einer Milliarde Mark. Und das jährlich, versteht sich.

Längst sind die Signalanlagen an den städtischen Straßenkreuzungen aber auch als Umweltsünder erkannt. Im Auftrag des Bundesverkehrsministeriums untersuchten Wissenschaftler des Karlsruher Instituts für Verkehrswesen, wie groß die Abgas-Belastung ist, die auf das Konto sinnloser Ampelschaltungen geht. »Je nach der Verkehrsdichte und der Straßenführung kann sich die Schadstoffmenge bei sinnvoller Ampelsteuerung zwischen 5 und 30 Prozent verringern«, erklärt Institutsleiter Professor Dr. Wilhelm Leutzbach das verblüffende Ergebnis seiner Studie. Berechnungen der Daimler-Benz AG gehen sogar noch weiter: Durch schlechte Ampelschaltungen erhöht sich nach Feststellungen der Automobilfirma die Stickoxid-Emission um 44 Prozent und der Kohlenmonoxid-Ausstoß um immerhin 47 Prozent. Jeden einzelnen Autobesitzer kostet die falsche Verkehrslenkung zusätzlich ein kleines

◁ Stadtverkehr: Sinnlose Ampelschaltungen schaden der Umwelt

Umwelttips: Was Autofahrer im Stadtverkehr beachten sollten

- Wenn die grüne Welle nicht funktioniert, lohnt es sich nicht, stets mit Vollgas auf die nächste Ampelkreuzung loszudonnern. Sparsamer und umweltfreundlicher ist es, den Wagen zwar zügig auf Tempo 50 zu beschleunigen, ihn aber dann vor dem Rotlicht ausrollen zu lassen. Durch gleichmäßige Fahrweise sparen Sie im Stadtverkehr bis zu 40 Prozent Sprit ein.
- Die meisten Ampeln sind jeweils 50 Sekunden lang auf Rot geschaltet. In diesem Fall lohnt es sich, den Motor auszuschalten und erst bei Gelb wieder zu starten. Auf diese Weise lassen sich bis zu 20 Prozent Benzin einsparen. Hilfreich sind sogenannte Start-Stop-Anlagen (100 bis 185 Mark), die das Ausschalten und Anlassen des Motors erleichtern. Ein nachträglicher Einbau solcher Geräte ist möglich. Übrigens: Ein Viertel jeder Tankfüllung verbraucht ein Automotor im Leerlauf – durch Wartezeiten an Ampeln, Bahnübergängen oder im Stau.
- In der Schweiz ist das Abstellen des Motors vor Ampeln bereits Vorschrift. Hierzulande läuft in Baden-Württemberg ein entsprechender Versuch: An Ampeln, wo sich ein Ausschalten des Triebwerks lohnt, leuchtet dort zusätzlich ein blaues Licht auf.
- Das Frischluftgebläse des Autos sollte im Stadtverkehr nicht eingeschaltet werden. ADAC-Messungen ergaben, daß durch das Gebläse bis zu 25 Prozent mehr Kohlenmonoxid und 36 Prozent mehr Kohlenwasserstoffe ins Innere des Autos geblasen werden.
- An verkaufsoffenen Samstagen ist die Schadstoffbelastung der Stadtluft besonders groß. 75 Prozent des gesamten Straßenverkehrs machen dann Autofahrer aus, die einen Parkplatz suchen. Deshalb: Nutzen Sie die Möglichkeiten des Park-and-Ride-Systems und stellen Sie das Auto bereits am Stadtrand ab. Per Straßenbahn oder Bus fahren Sie schneller, billiger und umweltfreundlicher ins Zentrum.

Vermögen: Der Treibstoff-Verbrauch der Personenwagen kann sich nach Daimler-Benz-Meinung infolge schlechter Ampelschaltung um bis zu 29 Prozent erhöhen.

Unter der schadstoffreichen Stadtluft leiden inzwischen Millionen von Menschen. Kein Wunder: Messungen des TÜV-Rheinland an einer Kölner Hauptverkehrsader beweisen, daß der Kohlenmonoxid-Anteil in der Atemluft zwischen sieben Uhr morgens und sechs Uhr abends oft um das Dreifache über dem »zum Schutz des Menschen« festgelegten

Höchstwert liegt. Eine Gesundheitsgefahr stellen freilich auch die anderen Abgas-Schadstoffe dar, die durch den ständigen Stop-and-Go-Verkehr aus den Auspuffrohren der Autos strömen: Bleiverbindungen, Benzol, Kohlenwasserstoffe und Rußpartikel sind nur einige von über 1000 Fremdstoffen, die Wissenschaftler in unserer Stadtluft registrierten.

Verringern läßt sich die Schadstoffbelastung, wenn Stadtväter und Autofahrer mehr Umweltbewußtsein an den Tag legen. Der Düsseldorfer Umweltmediziner Professor Dr. Hans-W. Schlipköter ermahnt die Verantwortlichen in den Rathäusern zu Recht, schon bei der »Planung von Hauptverkehrsstraßen größere Kohlenmonoxid-Mengen durch geeignete Verkehrslenkung und Ampelschaltung zu vermeiden«. An technischen Möglichkeiten, den Verkehr umweltgerechter durch die Innenstädte zu führen, hapert es nicht. Moderne Computeranlagen sind in der Lage, Hunderte von Ampeln bedarfsgerecht zu schalten und die grüne Welle tatsächlich zu realisieren. Gäbe es diese Verkehrsrechner überall, dürften die Signalanlagen für Umweltschützer und Autofahrer längst kein Ärgernis mehr sein.

Doch bis zur Verwirklichung solcher Möglichkeiten können auch die Autofahrer selbst einiges tun, um die Schadstoffbelastung in den Städten zu verringern. Die nachfolgenden Umwelttips zeigen, was Autobesitzer im Stadtverkehr beachten sollten.

Und daß solche Abgasprobleme vielleicht schon in einigen Jahren der Vergangenheit angehören, wird das nächste Kapitel zeigen.

DUO ANTRIEB
GYRO ANTRIEB
City Bus
WASSERSTOFF ANTRIEB
MERCEDES-BENZ

20. Alternativen mit Zukunft

Wie umweltfreundlich sind die Autos von morgen?

Probleme und Fragen, die Autokäufer im Jahre 1985 plagen, sind in rund 15 Jahren bereits Schnee von gestern. Wer sich dann für einen Neuwagen interessiert, wird sich nicht mehr nach der Möglichkeit zum Einbau eines Katalysators oder Rußfilters erkundigen müssen. Schon heute steht nämlich fest: Die Personenwagen des Jahres 2000 werden heutigen Benzin- und Dieselkutschen in puncto Umweltfreundlichkeit weit überlegen sein.

Ein Blick in die Forschungsabteilungen der Automobilfirmen läßt solche Hoffnungen keimen. Für die Entwicklungsingenieure hat die Zukunft denn auch längst begonnen. Und den Katalysator betrachten sie dabei nur als Zwischenlösung auf dem Weg zum wirklich umweltfreundlichen Auto. Die Auto-Triebwerke, die bereits heute auf den Prüfständen von Autofirmen und Hochschulen laufen, versprechen auch ohne nachgeschaltetes Schadstoff-Filter extrem niedrige Abgaswerte. Diese sogenannten Magermotoren arbeiten mit einem drastisch verringerten Kraftstoff-Anteil im Verbrennungsgemisch und stoßen allein deshalb weniger Schadstoffe aus dem Auspuffrohr. Weitere Maßnahmen wie veränderte Zündeinstellungen oder Verdichtungsverhältnisse sorgen zusätzlich für mehr Umweltfreundlichkeit. Kummer bereitet den Motorentechnikern dabei allerdings die Tatsache, daß es ihnen durch die Abmagerung noch nicht gelingt, alle Abgas-Komponenten gleichzeitig in den Griff zu bekommen. Je nach Motoreneinstellung steigt nämlich entweder der Stickoxid-Ausstoß und die Emission von Kohlenmonoxid (CO) und Kohlenwasserstoffen (CH) gehen zurück, oder aber die Stickoxidmenge nimmt ab, während CO und CH

◁ Saubere Flotte: Daimler-Benz-Versuchswagen mit alternativen Antriebssystemen

ansteigen. Hier wird also noch einiges an Forschungsarbeit notwendig sein. Doch trotzdem sind die Experten zuversichtlich: Ab 1995 sollen nach Meinung etlicher Autohersteller die ersten Magermotoren in Serie gehen.

Zu diesem Zeitpunkt dürfte freilich auch noch mehr Klarheit über die seit Jahren diskutierten Alternativ-Treibstoffe für Autos bestehen. Drei völlig unterschiedliche Antriebssysteme gelten derzeit als zukunftsträchtig:

- Wasserstoff testet die Daimler-Benz AG seit 1984 in Berlin als alternative Antriebsquelle für Personenwagen. Anstelle des sonst üblichen Diesel- oder Benzin-Tanks besitzen die Wasserstoff-Mobile einen sogenannten Hydrid-Speicher, in dem der Wasserstoff chemisch an spezielle Metallverbindungen gebunden und mit Hilfe der Abgaswärme wieder freigesetzt wird.

Alle Probleme des Wasserstoffantriebs sind gegenwärtig noch nicht gelöst. Denn für die Herstellung des Wasserstoffs per Elektrolyse ist eine andere Energiequelle, Elektrizität, notwendig. Im Klartext: Die Gewinnung des alternativen Antriebsmittels verschlingt derzeit noch mehr kostbare Primärenergie, als sich durch den Einsatz von Wasserstoff-Autos eines Tages einmal einsparen läßt. Sind die Herstellungsprobleme erst einmal im Griff, gehört dem Wasserstoff als Antriebsenergie künftiger Neuwagen zweifellos die Zukunft.

Die Vorteile dieses Benzin-Ersatzes liegen nämlich eindeutig auf dem Gebiet des Umweltschutzes: Wasserstoff-Autos produzieren fast keine schädlichen Abgase – aus dem Auspuffrohr solcher Fahrzeuge entweicht lediglich harmloser Wasserdampf. Übrigens: Nach Meinung von Automobilexperten können in Zukunft sogar herkömmliche Hubkolbenmotoren nachträglich auf Wasserstoffbetrieb umgerüstet werden.

- Methanol könnte ebenso wie Wasserstoff die Autos von morgen mobil machen. Versuche mit Personenwagen, die ausschließlich mit Methanol (M 100) oder aber mit dem Benzin/Methanol-Gemisch (M 15 oder M 20) durch die Lande fahren, laufen derzeit auf Hochtouren. Die Vorteile des neuen Treibmittels: Methanol ist nichts anderes als Methylalkohol, der sich relativ kostengünstig aus einer Vielzahl von Rohstoffen (Kohle, Erdgas, Naturprodukte, Müll) gewinnen läßt.

Die Nachteile der Benzin-Alternative: Für eine Versorgung aller Autos mit Methanol fehlen derzeit noch geeignete Herstellungsverfahren. Zusätzlich bereitet Umwelt-Medizinern Sorgen, daß bei der Verbrennung des Alkohols gesundheitsschädliches Formaldehyd entsteht, das sich allerdings mit Hilfe eines Katalysators unschädlich machen läßt. Demgegenüber sehen die übrigen Abgaswerte methanolgetriebener Autos aber durchaus positiv aus: Prüfstandsversuche von VW und Porsche bescheinigen Autos, die M 20 im Tank haben, einen Rückgang der Kohlenmonoxid-Emissionen um 74 Prozent, eine Verminderung der Kohlenwasserstoff-Anteile im Abgas um 30 Prozent und eine Reduktion der Stickoxide um gut 22 Prozent.

- Elektro-Autos warten freilich mit noch besseren Resultaten auf. Die mittels Batterie angetriebenen »Wattrenner« produzieren nämlich weder schädliche Abgase noch nervtötenden Lärm. Dennoch gibt es auch hier gegenüber dem Benzin-Auto noch einige Nachteile: Die Kapazität der bis zu 400 Kilogramm schweren Antriebsbatterien reicht bislang nur für eine Reichweite von gut 60 Kilometern. Danach muß das Elektro-Auto an einer gewöhnlichen 220-Volt-Steckdose »tanken«. Doch die Automobil-Ingenieure hoffen auf den Erfindergeist ihrer Kollegen aus dem Bereich der Elektrotechnik. Neuartige Batteriesysteme, die bereits in der Erprobung sind, sollen nicht nur leichter sein, sondern auch einen größeren Aktionsradius ermöglichen: Sogenannte Natrium-Schwefel-Akkumulatoren werden voraussichtlich schon in einigen Jahren die Bleibatterie ersetzen.

Mit Hilfe dieser neuen Stromkonserven hat das Elektro-Auto tatsächlich gute Zukunftschancen. Vor allem im Kurzstrecken-Verkehr und als Zweitwagen kann es wesentlich dazu beitragen, die Luftverschmutzung zu verringern. Experten schätzen denn auch, daß bis zum Jahre 2000 rund zwei Millionen Autos einen Elektromotor besitzen.

Zugegeben: Noch sind diese alternativen Antriebskonzepte Zukunftsmusik. Noch können umweltbewußte Führerscheinbesitzer beim nächsten Autokauf weder auf Magermotoren noch den Wasserstoffantrieb hoffen. Die einzige sinnvolle Alternative, die es bereits heute zu kaufen gibt, heißt Katalysator. Jene Art der Abgas-Reinigung macht die Schadstoff-Komponenten zu immerhin 90 Prozent unschädlich. Würde der Neuwagenmarkt bereits 1986 vollständig auf Katalysator-Fahrzeuge umgestellt, so könnten Naturfreunde aufatmen. Bis zum Jahre 2000 würde sich die Stickoxid-Belastung der Luft dann von derzeit zwei Millionen Tonnen auf »nur« noch 200000 Tonnen jährlich verringern. Jeder einzelne ist aufgerufen, seinen persönlichen Beitrag zu leisten, um dieses Ziel im Interesse von Umwelt und Gesundheit zu erreichen.

Checkliste für umweltbewußte Autobesitzer

- ☐ **Bleifrei tanken:** Auch ohne Katalysator und komplizierte Umrüstung sind schon heute weit über zehn Millionen Autos bleifreitauglich. Der Mehrpreis für den umweltfreundlichen Sprit beträgt derzeit nur rund zwei Pfennig je Liter. Auf einer Fahrstrecke von 10000 Kilometern kostet Sie das bleifreie Benzin also nur rund 20 Mark mehr. Dem steht allerdings eine spürbare Verringerung der schädlichen Bleibelastung gegenüber. *(Siehe auch Seite 127–134.)*

- ☐ **Abgase entgiften:** Auch Altwagen können umweltfreundlich sein. Durch den nachträglichen Einbau spezieller Reinigungssysteme lassen sich die Abgase älterer Autos um bis zu 50 Prozent entgiften. Empfehlenswert ist so beispielsweise der Einbau eines ungeregelten Katalysators oder einer Abgasrückführung. Erkundigen Sie sich, welche Technik für Ihren Wagen geeignet ist. *(Siehe auch Seite 49–60.)*

- ☐ **Dieselrauch entgiften:** Im Abgas der Dieselautos befinden sich gesundheitsgefährliche Rußpartikel. Wenn Ihr Selbstzünder auffällige Qualmwolken hinter sich herzieht, ist eine Motorreparatur fällig. Einspritzpumpe, Ventileinstellung, Luftfilter-Einsatz müssen dann dringend überprüft werden. Zur Vermeidung übermäßigen Rußausstoßes bieten einige Autohersteller neuartige Einspritzdüsen zur nachträglichen Umrüstung an. *(Siehe auch Seite 35–41.)*

- ☐ **Blaurauch vermeiden:** Manche benzingetriebene Altwagen verbrennen unnötig hohe Mengen Motoröl. Blaue Auspuffschwaden, die aus dem Auspuff strömen, machen auf diesen Motordefekt aufmerksam. Der sogenannte Blaurauch enthält aber das hochgiftige Benzpyren und vermutlich sogar das lebensgefährliche Seveso-Gift Dioxin. Eine Reparatur der Ventilschaft-Abdichtungen kostet zwischen 200 und 300 Mark und hilft dem Umweltschutz. *(Siehe auch Seite 16.)*

- ☐ **Motoreinstellung prüfen:** Die regelmäßige Wartung des Motors zahlt sich nicht nur in Form günstigeren Spritverbrauchs aus. Sie dient auch dem

Umweltschutz. Achten Sie deshalb darauf, daß Zündung, Vergaser und Ventile Ihres Wagens stets ordnungsgemäß eingestellt sind. *(Siehe auch Seite 43–47.)*

- ☐ **Lärm vermeiden:** Motor, Reifen und Auspuffanlage ihres Wagens erzeugen Lärm, der viele Mitbewohner stört. Achten Sie darauf, daß diese Fahrzeugteile so beschaffen sind, daß kein unnötiger Lärm entsteht. Breitreifen oder Sport-Auspuffanlagen verursachen mehr Krach als »normale« Serienteile. *(Siehe auch Seite 77–82.)*

- ☐ **Bremsbeläge umrüsten:** Asbesthaltige Bremsbeläge stellen eine große Gesundheitsgefahr dar. Da erst wenige Automodelle serienmäßig ab Werk mit asbestfreien Belägen ausgerüstet werden, ist ein nachträglicher Austausch dringend geboten. Achten sie beim nächsten Werkstatt-Termin darauf, daß die Mechaniker asbestfreie Brems- und Kupplungssegmente einbauen. *(Siehe auch Seite 113–117.)*

- ☐ **Vorsicht beim Tanken:** Benzin ist nicht nur explosiv, es enthält auch Benzol, dessen Dämpfe als giftig gelten. Atmen Sie deshalb beim Tanken keine Benzindämpfe ein und vermeiden Sie es, den Kraftstoffbehälter Ihres Wagens randvoll zu pumpen. *(Siehe auch Seite 135–139.)*

- ☐ **Motor abstellen:** Wer seiner Umwelt etwas Gutes tun will, stellt den Motor seines Wagens bei längeren Ampelstops ab. Auf diese Weise können Autofahrer zur Verminderung der Kohlenmonoxid-Belastung in den Städten beitragen. Außerdem spart die Abschalt-Methode kostbaren Sprit ein. *(Siehe auch Seite 147–149.)*

- ☐ **Vollgasfahrt vermeiden:** Bei ganz durchgetretenem Gaspedal steigt nicht nur der Benzindurst des Autos. Auch der Ausstoß schädlicher Stickoxide nimmt unweigerlich zu. *(Siehe auch Seite 61–69.)*

Register

Bernd Dost

Ein Land erstickt

Kranke Umwelt, kranke Menschen

296 Seiten. Kartoniert

Alle offiziellen Beteuerungen sind falsch: Die Umweltqualität hat sich in den letzten Jahren in der Bundesrepublik nicht verbessert, sondern verschlechtert. Alle Risikogruppen – Schwangere und Kinder, Alte und Kranke, Allergiker und Asthmatiker – leben hierzulande besonders riskant. Der saure Regen frißt nicht nur die Bäume an, sondern auch unsere Bronchialbäume, unsere Lungen. Langlebige Gifte reichern sich nicht nur in Wald und Feld an, sondern auch in unseren Körpern, unseren Organen. **Wenn die Smog-Glocke läutet, müssen Tausende von Alten und Kranken früher sterben!**